단어풀이와
함께 공부하는
이탈리아어
I

italian

단어풀이와
함께 공부하는

이탈리아어
I

김운용 지음

이담
Books

이 책은 이탈리아어를 처음으로 접하는 사람들, 교양과목으로 또는 호기심으로 공부하는 사람들을 위해서 저술하였다. 가지고 다니기 편하게 양을 줄이고, 사전 없이 공부할 수 있도록 단어풀이를 덧붙이고, 문법 현상을 단순화시켜서 정리하였다. 이 책을 충분히 이해했다 싶으면 좀 더 세세한 사항까지 기록된 문법책을 보기 바란다.

이 책은 1993년 이탈리아 문화원 부속기관이었던 이탈리아 연구소에서 강의하기 위해서 정리해 엮었던 『이탈리아어 접근법』(미출간)을 새로운 관점에서 양을 줄이고, 더하는 작업을 통하여 『단어풀이와 함께 공부하는 이탈리아어』 1, 2, 3 시리즈로 출판하게 되었다. 2004년도에 출판된 저자의 『이탈리아어 문법』이 심화 문법과 강독 중심의 책이라면, 이 책은 기초 문법과 연습문제 중심으로 구성했다.

　단어풀이는 이 책을 보는 데 필요한 최소한의 의미만을 포함했다. 좀 더 많은 형태적, 통사적, 의미적 정보를 원하는 분은 이한사전이나 이영사전 또는 이이사전을 보기 바란다. 파생된 단어는 화살표를 사용해서 어느 단어 또는 어느 형태에서 파생되었는지 알 수 있게 했다.

　굴절이 풍부한 이탈리아어를 처음으로 접하는 사람은 문장에서 사용되는 단어의 형태(wordform 또는 token)를 보고, 사전의 올림말(lexeme 또는 type)을 찾는 데 어려움을 겪는다. 이 책에서 사용된 단어들은 규칙이건 불규칙이건 모든 어형을 단어목록으로 제시해 놓음으로써 사전에서 올림말을 어렵지 않게 찾을 수 있도록 했다.

　비전공자들에게 도움이 되는 책이 되길 바라면서 이 책을 세상에 내놓는다. 출간을 흔쾌히 허락해주신 한국학술정보(주)와 모든 관계자들에게 감사를 표한다.

김운용

목 차

목 차

01: 주어 인칭대명사

01 형태

인 칭 \ 수	단 수	복 수
1인칭	io '나'	noi '우리'
2인칭	tu '너'	voi '너희들'
3인칭 남성	lui '그'	loro '그들'
3인칭 여성	lei '그녀'	loro '그(녀)들'

02 주어 인칭 대명사는 문두에 나오면 당연히 대문자를 쓰지만, 문 중앙에 나타나면 소문자를 쓴다. 그리고 Lei는 '그녀'라는 의미 이외에 '너'의 높임말(어르신, 당신, 사모님 등)로 남녀의 성 구분 없이 사용된다. 이때는 문두에 오든 문 중앙에 오든 항상 대문자로 사용된다.

03 Loro는 단어의 형태만 가지고는 남자인 '그들'인지 여자인

'그들'인지 알 수가 없다. 실제 세계 속에서 지시되는 대상이 누구인지, 또는 앞뒤 문장에서 누구에 해당되는지 알 수 있을 뿐이다.

(04) 3인칭 단수 형태(Lei)를 사용해서 존칭을 표현하는 이탈리아어는 '당신들'의 의미로 사용될 때는 Voi를 사용한다. 이때는 '너희들'과 구분이 되지 않고 사용된다. 그러나 호텔이나 레스토랑 등에서 Lei의 복수형으로 Loro를 사용하기도 한다.

(05) 바로 옆에 있는 사람을 누군가에게 소개할 때 '이 사람은 ~이다'고 소개할 때 남자에게는 Lui를, 여자에게는 Lei를 사용한다. 이때 Lui와 Lei는 직시적 기능을 가진다.

(06) 이탈리아어에서 주어는 일반적으로 생략되어서 사용된다. 주어가 생략되어도 동사의 변화나 형용사 등을 보고, 인칭/성/수 등을 확인할 수 있어서 언어 사용에는 지장이 없다. 한국어도 이탈리아어처럼 주어가 생략되어 사용되지만, 동사의 굴절 또는 어미의 변화형이 상대적으로 단순한 구조를 가짐으로써 문장 발화 상황이 없으면 해석에 어려움이 생길 수 있다.

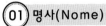

02: 명사 / 형용사의 단수와 복수

01 명사(Nome)

❏ 사전에 등재된 올림말

-o

-a

-e

❏ 단수 명사와 복수 명사

올림말	단수	복수
-o(대부분 남성)	-o	-i
-a(대부분 여성)	-a	-e
-e(남성 아니면 여성)	-e	-i

02 형용사(Aggettivo)

❏ 사전에 등재된 올림말

　-o

　-e

❏ 남성 형용사 단수 / 복수 그리고 여성 형용사 단수와 복수

올림말	남성형용사		여성형용사	
	단수	복수	단수	복수
-o	-o	-i	-a	-e
-e	-e	-i	-e	-i

03 형용사는 자체가 성을 갖는 것은 명사가 성을 갖는 거와는 좀 다르다. 명사의 성은 명사 독립적으로 자연성(sesso naturale)이 나 문법성(genere grammaticale)을 갖지만, 형용사는 주어의 술 어 기능으로서 또는 명사를 수식하는 기능으로서 명사와 일치 되는 성을 갖는다.

03: 관사(Articolo)

이탈리아어에 관사에는 정관사, 부정관사, 부분관사가 있다. 정관사는 명사에 대해서 "지시적 / 제한적" 기능을 가지며, 부정관사는 '하나의, 어떤' 등의 의미로 새로운 사실을 언급하면서 사용된다. 그리고 부분관사는 '약간의, 몇몇의' 의미로 사용된다.

01 정관사(Articolo Determinativo)

정관사에는 남성이 두 종류로 il과 lo가 있고, 여성이 한 종류 la가 있다. 남성은 두 종류이기 때문에 어떤 때 il이 쓰이고, 어떤 때 lo가 쓰이는지 구분해야 된다. 그들의 쓰임새는 통상 오른 쪽에 인접한 형용사나 명사의 소리로 구분한다. 그리고 정관사는 단수형과 복수형이 각각 따로 존재한다.

1. lo 단수형 → gli 복수형

   s + 자음 - , gn - , pn - , ps - , x - , z - 로 시작하는 남성명

사, 모음으로 시작하는 남성명사. 정관사 다음에 모음으로 시작하는 단수 명사가 오게 되면 lo에서 −o가 탈락됨.

☞ lo studente → gli studenti, l'amico → gli amici, lo psicologo → gli psicologi

2. il 단수형 → i 복수형

위에서 언급한 lo와 결합되는 환경을 제외한 남성명사 전부

☞ il libro → i libri, il cane → i cani, il tavolo → i tavoli

3. la 단수형 → le 복수형

모든 여성명사. 정관사 다음에 모음으로 시작하는 단수인 여성명사가 오게 되면 la에서 −a가 탈락됨.

☞ la penna → le penne, la strada → le strade, l'amica → le amiche

02 부정관사(Articolo Indeterminativo)

1. uno

s+자음−, gn−, pn−, ps−, x−, z−로 시작하는 남성 단수 명사.

☞ uno specchio, uno gnocco, uno pneumatico, uno psicologo, uno xenofobo, uno zaino

2. un

   uno와 결합하는 남성명사를 제외한 그 외의 남성 단수 명사.

   모음으로 시작하는 남성명사.

   ☞ un libro, un orologio, un quaderno, un cassetto

3. una

   모든 여성 단수 명사

   ☞ una matita, una casa, un'immagine, un'albicocca

❖ 관사는 명사에 의해서 남성인지 여성인지가 구분된다. 그러나 정관사 il과
   lo, 부정관사 un과 uno는 바로 오른 편에 위치한 형용사나 명사의 앞소리에
   의해서 결정된다.

   ☞ uno studente → un bravo studente, uno specchio → un brutto specchio
   ☞ lo studente → il bravo studente, lo specchio → il brutto specchio

03 부분관사(Articolo Partitivo)

1. 형태 (DI + 정관사)

di + il → del di + lo → dello di + la → della	+ 불가산 명사(추상명사, 물질명사) dello zucchero, dell' acqua, del latte
di + i → dei di + gli → degli di + le → delle	+ 가산 명사 (dei) libri, (degli) studenti, (delle) sigarette

2. 가산명사와 결합하는 부분관사는 생략할 수 있다. 부분관사를 생략해도 복수의 의미가 살아있기 때문이다. 그러나 불가산(不可算) 명사는 부분관사를 생략할 수 없다. 부분관사를 생략하면 복수의 의미가 사라질 뿐만 아니라 문장이 틀리게 된다.

04: 관사연습

	정관사	부정관사	정관사 복수	부분관사
stato				
lavoro				
paese				
cittadino				
mondo				
governo				
bambino				
film				
campionato				
mese				
sposo				
giorno				
numero				
libro				
scrittore				
padre				
giocatore				
partito				
anello				
tempo				

	정관사	부정관사	정관사 복수	부분관사
modo				
diritto				
aspetto				
ragazzo				
ministro				
gruppo				
sale				
affetto				
fratello				
passo				
motore				
regalo				
dottore				
gatto				
abito				
libreria				
nuvola				
chiave				
notte				
agenzia				
persona				
bicicletta				
mancia				
cameriera				
madre				
dottoressa				
alleanza				

	정관사	부정관사	정관사 복수	부분관사
sorella				
frutta				
mela				
bevanda				
ambasciata				
ambulanza				
donna				
rosa				
foglia				
linea				
cabina				
sala				
fontana				
fermata				
cintura				
pera				
stella				
porta				
carta				
sera				
ora				
pianta				
casa				

05: 직설법 현재 불규칙 AVERE, ESSERE

	ESSERE	AVERE
Io	sono	ho
Tu	sei	hai
Lui/Lei	è	ha
Noi	siamo	abbiamo
Voi	siete	avete
Loro	sono	hanno

Ho sete.

Ho fame.

Ho caldo.

Ho freddo.

Hai della frutta?

Hai delle verdure?

Hai bisogno degli stivali?

Hai una giacca a vento?

Ha del pane?

Ha della torta?

Ha del vino?

Hanno degli ombrelli.

Ha il naso chiuso.

Non ho mai tempo.

Tu non hai cuore.

Hai una doppia faccia!

Non abbiamo altre domande.

Non ho altra scelta!

Hai buona ragione!

L'uomo anziano ha la barba dura.

Questa persona ha i baffi, ma non la barba.

Questo uomo giovane ha i capelli biondi e la pelle gialla.

Noi abbiamo una Fiat.

Loro hanno un monolocale.

Lui ha una bella ragazza.

Loro hanno tre figli.

Hai una bella voce.

Ha la penna.

Lei ha due fratelli e tre sorelle.

Avete degli ottimi amici.

Stefano ha una moto.

Sei contenta?

Tu sei tanto buona, Anna.

Voi ragazze, siete proprio pigre.

Siete tutte persone normali.

La camicia è piccola.

La camicia è poco costosa.

La banca è aperta.

Il ristorante è chiuso.

L'automobile è grande.

Il latte non è buono.

Le scarpe sono troppi grandi.

L'autobus è affollato.

Questa spiaggia è vuota.

Giorgio è veloce.

L'uccello è bello.

La scarpa è pulita.

La tavola è sporca.

I pantaloni sono troppo grandi.

L'aereo è bianco.

L'automobile gialla è nuova.

La macchina rosa è vecchia.

Il numero è tre.

Un piatto è blu e un piatto è giallo.

È rossa l'automobile?

No, non è rossa, ma blu.

Il quadrato più piccolo è giallo.

L'uomo è ammalato.

L'uomo è sano.

La donna è felice.

La donna è triste.

Il bambino e il cane sono felici.

Loro non sono stanchi.

Lui è ricco.

Questa gente ha caldo ed è stanca.

L'uomo è grasso.

La donna è snella.

La ragazza è imbarazzata.

Il fuoco è caldo.

Il ghiaccio è freddo.

La neve è fredda.

La sedia è bella.

06: 직설법 현재 동사

01 제1활용 동사

	GUARDARE	PARLARE	ASPETTARE	STUDIARE
Io	guardo	parlo	aspetto	studio
Tu	guardi	parli	aspetti	studi
Lui/Lei	guarda	parla	aspetta	studia
Noi	guardiamo	parliamo	aspettiamo	studiamo
Voi	guardate	parlate	aspettate	studiate
Loro	guardano	parlano	aspettano	studiano

	COMINCIARE	MANGIARE	CERCARE	PAGARE
Io	comincio	mangio	cerco	pago
Tu	cominci	mangi	cerchi	paghi
Lui/Lei	comincia	mangia	cerca	paga
Noi	cominciamo	mangiamo	cerchiamo	paghiamo
Voi	cominciate	mangiate	cercate	pagate
Loro	cominciano	mangiano	cercano	pagano

	VIVERE	PRENDERE	CHIEDERE	LEGGERE
Io	vivo	prendo	chiedo	leggo
Tu	vivi	prendi	chiedi	leggi
Lui/Lei	vive	prende	chiede	legge
Noi	viviamo	prendiamo	chiediamo	leggiamo
Voi	vivete	prendete	chiedete	leggete
Loro	vivono	prendono	chiedono	leggono

03 제3활용 동사

	PARTIRE	APRIRE	FINIRE	CAPIRE
Io	parto	apro	finisco	capisco
Tu	parti	apri	finisci	capisci
Lui/Lei	parte	apre	finisce	capisce
Noi	partiamo	apriamo	finiamo	capiamo
Voi	partite	aprite	finite	capite
Loro	partono	aprono	finiscono	capiscono

1. Signora, dove _____ ? (abitare)

2. Giorgio e Giovanni _____ domani sera. (arrivare)

3. Tu non _____ la musica. (ascoltare)

4. Rosanna e Silvia _____ molto. (camminare)

5. Io _____ un taxi. (chiamare)

6. Voi _____ un'informazione (chiedere)

7. Voi _____ la porta. (chiudere)

8. Noi non _____ il giornale. (comprare)

9. Lui _____ la prenotazione. (confermare)

10. Io _____ bene il signor Lo Conte. (conoscere)

11. Domani noi _____ l'esercizio. (correggere)

12. Voi _____ la cena. (cucinare)

13. Noi non _____ il caffè. (desiderare)

14. Oggi i deputati _____ il nuovo presidente. (eleggere)

15. L'italia _____ _____ molti prodotti. (esportare)

16. Lui _____ un documento. (firmare)

17. Noi _____ la pipa. (fumare)

18. Voi _____ la tv. (guardare)

19. Io _____ la macchina. (guidare)

20. Loro _____ una lingua tedesca. (imparare)

21. Voi _____ gli amici? (incontrare)

22. Lui _____ un libro. (leggere)

23. Lei _____ il treno. (perdere)

24. Loro _____ la medicina. (prendere)

25. Io _____ la valigia. (preparare)

26. Voi _____ la lezione. (ripetere)

27. Loro _____ il problema. (risolvere)

28. Lui _____ sempre le idee degli altri. (rispettare)

29. Lei non _____ il professore. (salutare)

30. Voi _____ le scale. (scendere)

31. Questa macchina _____ nuova. (sembrare)

32. Che cosa _____ questo? (significare)

33. Loro _____ molto. (studiare)

34. Loro non _____ il pianoforte. (suonare)

35. Marta e Giovanna _____ a Gabriella (telefonare)

36. Silvia _____ a Firenze la settimana prossima. (tornare)

37. Loro _____ a Firenze. (vivere)

08: 전치사(Le preposizioni)

A

1. 장소 '~에'

   andare a casa, a scuola   집에, 학교에 가다

2. 목적, 목표 (fine o scopo) '~하기 위해서 / ~하러'

   uscire a passaggio   산책하러 가다

   andare a caccia   사냥하러 가다

3. 거리(distanza) '~에'

   Il paese è a tre chilometri.   마을은 3 킬로미터 거리에 있다.

CON

1. 관계(relazione) '~와'

   litigare con qualcuno   누군가와 싸우다

   essere d'accordo con qualcuno   누구와 의견이 일치되다

2. 방법 또는 양태(modo o maniera)

   con le mani in tasca   주머니에 손을 넣고

   restare con gli occhi chiusi   눈을 감은 채로 있다

3. 날씨(tempo)

   viaggiare col maltempo   나쁜 날씨에 여행하다

   dormire con la luna   달 뜰 때 자다

DA

1. 기원(origine) '~로부터'

   ricevere una lettera da un amico   친구로부터 편지를 받다

   santa Caterina da Siena   시에나 출신의 성 까떼리나

2. 원인(causa) '~때문에'

tremare dal freddo   추위로부터 떨다

saltare dalla gioia   기쁨으로 뛰다

3. 어떤 장소로부터 이동(moto da luogo) '~로부터'

Il treno parte da Roma.   기차가 로마로부터 떠나다.

DI

1. 명세(specificazione) '~의'

il calore del sole   태양열

il profumo delle rose   장미향

2. 출신(origine, provenienza) '~의'

essere di Torino   또리노 출신이다

una ragazza di buona famiglia   좋은 가문의 소녀

3. 장소로부터 이동(moto da luogo) '~로부터'

smontare di sella   안장에서 내리다

uscire di casa   집에서 나오다

IN

1. 장소 '~에'

abitare in città   도시에 거주하다

andare in Svizzera   스위스에 가다

entrare in casa   집에 들어가다

2. 한정된 시간 '~에'

in primavera   봄에

in piena estate   한 여름에

in tempo di pace   평화기에

3. 수단 '~로'

viaggiare in treno   기차로 여행하다

fare una gita in barca   배로 여행하다

pagare in contanti   현금으로 지불하다

PER

1. 원인(causale) '~때문에'

   urlare per il dolore   고통때문에 울부짖다

   Sono stanco per la fatica.   힘들어서 피곤하다.

2. 목적(finale) '~을 위한'

   un abito per la sera   야회복

   libro per ragazzi   아이들을 위한 책

3. 분배(distributivo)

   marciare per due   둘씩 행군하다

   esaminare caso per caso   케이스 대 케이스로 조사하다

SENZA

1. 결여

   È un povero orfano senza padre e senza madre.

   그는 아버지도 어머니도 없는 불쌍한 고아이다.

2. 제외, 배제

Cammina mentre piove senza cappello.

그는 비가 내리는 동안에 모자도 없이 걷는다.

SOPRA

1. 위에

Il libro è sopra la scrivania. 책이 책상 위에 있다.

salire sopra una sedia 의자 위에 오르다

mettere il cappotto sopra la giacca 자켓 위에 외투를 걸치다

SOTTO

1. 아래

sotto la gamba del tavolo 테이블 다리 아래

nascondere qualcosa sotto la mano 손 아래 뭔가를 숨기다

portare i libri sotto il braccio 팔 안에 책을 껴다

2. 밑에 / 속에

portare un abito leggero sotto il cappotto

외투 속에 가벼운 옷을 입다

SU

장소(determinazione di stato in luogo)

portare un golf sulle spalle　어깨에 골프(옷)를 걸치다

stare seduto sul divano　디바노에 앉아 있다

passeggiare sulla riva del mare　바다 둑방에 산책하다

TRANNE

제외, 배제

Tranne la prima parte, tutto va bene.

첫 부분을 제외하고는 다 좋다.

Vado a scuola tranne il sabato e la domenica.

나는 토요일과 일요일을 제외하고 학교에 간다.

VERSO

1. 장소 이동과 방향 '~향해서'

   Vado verso la città. 나는 도시를 향해서 갈 것이다.

2. 시간의 짐작 '~경에'

   Viene sempre verso l'alba. 그는 항상 새벽녘에 온다.

3. 인접성 '~에'

   Abita verso Torino. 그는 또리노 가까운 곳에 산다.

09: 전치사 관사와 BELLO / QUELLO

01 전치사 관사(Preposizioni Articolate)

	il	i	la	le	lo	gli
a	al	ai	alla	alle	allo	agli
da	dal	dai	dalla	dalle	dallo	dagli
di	del	dei	della	delle	dello	degli
in	nel	nei	nella	nelle	nello	negli
su	sul	sui	sulla	sulle	sullo	sugli
con	col	coi	colla	colle	collo	cogli
per	pel	pei	pella	pelle	pello	pegli

1. 이탈리아어에서는 관사와 전치사가 결합해서 하나의 형태가
   될 수 있다. 선택적인 결합이 아니고 항상 결합된 형태로 사
   용되어야 한다. 그러나 CON과 PER는 결합된 형태와 결합되
   지 않는 형태 둘 다 가능하다.

2. 통사적인 차원에서 a la casa라는 단어의 나열이 있다면 정관사 la는 명사성을 갖는 요소와 구성성분을 이루기 때문에 casa와 먼저 결합하고, la casa가 앞에 있는 전치사 a와 결합한다(a(la(casa)). 음운론적인 차원에서 전치사 a도 관사 la도 독립성이 없다. 이 독립성이 없는 요소들이 조음의 용이성 때문에 먼저 결합하고 다음에 나오는 명사와 결합되는 구조를 가지고 있다(((a)la)casa).

del padre, dell'uomo, dell'anima, dei padri, degli uomini, delle anime; al ragazzo, allo studente, alla figlia, ai ragazzi, agli studenti, alle figlie; dal vecchio, dallo zio, dalla signora, dai vecchi, dagli zii, dalle signore; nel giardino, nello studio, nella casa, nei giardini, negli studi, nelle case; sul tavolo, sullo specchio, sulla sedia, sui tavoli, sugli specchi, sulle sedie; col ragazzo, collo studente, colla signora, coi ragazzi, cogli studenti, colle signore.

	il	i	la	le	lo	gli	l'
bello	bel	bei	bella	belle	bello	begli	bell'
quello	quel	quei	quella	quelle	quello	quegli	quell'

BELLO와 QUELLO의 형태는 정관사의 변화에 따른다.

il tavolo → bel tavolo

i tavoli → bei tavoli

lo studente → bello studente

gli studenti → begli studenti

l'albero(= lo) → bell'albero

gli alberi → begli alberi

la donna → bella donna

le donne → belle donne

il libro → quel libro

i libri → quei libri

la chiave → quella chiave

le chiavi → quelle chiavi

lo studente → quello studente

gli studenti → quegli studenti.

10: 전치사 관사 연습

1. Aspetto _____ uscita tre. (a + la)

2. Il treno parte _____ binario due. (da + il)

3. L'autobus arriva _____ sei. (a + le)

4. _____ mattina faccio colazione. (a + la)

5. Sono macchine _____ polizia. (di + la)

6. Sono _____ camera di consultazione dottore. (in + la, di + il)

7. Il bambino è _____ letto. (su + il)

8. La ragazza è _____ piscina. (in + la)

9. Voglio la chiave _____ camera 307, per piacere. (di + la)

10. Le caramelle sono _____ mano uomo. (in + la, di + lo)

11. Le poltrone sono intorno _____ tavolo. (a + il)

12. L'aereo è _____ suolo. (su + il)

13. Il bambino è accanto _____ bicicletta. (a + la)

14. Il cappello è _____ sua testa. (su + la)

15. Le scarpe sono _____ pavimento. (su + il)

16. La penna è _____ sua bocca. (in + la)

17. La donna è _____ telefono. (a + il)

18. I bambini saltano _____ tavolo. (da + il)

19. L'uomo tira il telefonino fuor _____ tasca. (da + la)

20. Sono fuori _____ banca. (da + la)

21. Qualcuno dà un piatto di cibo _____ donna. (a + la)

22. La donna _____ panchina è stanca. (su + la)

23. Il bambino raccoglie qualcosa _____ pavimento. (da + il)

24. La mamma dà la medicina _____ bambino. (a + il)

25. Il ragazzo non esce _____ acqua. (da + la)

26. La studentessa entra _____ edificio. (in + lo)

27. La donna mette qualcosa _____ sacchetto. (in + il)

28. La neve è _____ montagna. (su + la)

29. La pioggia è _____ alberi. (su + gli)

30. Scrivo l'indirizzo _____ busta. (su + la)

31. I bambini vestonovstesso modo. (a + lo)

32. Lei è in piedi accanto _____ scaffale. (a + lo)

33. Non vedo la faccia _____ uomo. (di + lo)

34. Questa borsetta appartiene _____ donna. (a + la)

35. La cliente mette il cibo _____ banco. (su + il)

36. Dà l'assegno _____ cassiera. (a + la)

37. Apre lo sportello _____ macchina. (di + la)

38. Linda mette la valigia _____ bagagliaio. (in + il)

	FARE	STARE	USCIRE	DOVERE	DARE
Io	faccio	sto	esco	devo	do
Tu	fai	stai	esci	devi	dai
Lui/Lei	fa	sta	esce	deve	dà
Noi	facciamo	stiamo	usciamo	dobbiamo	diamo
Voi	fate	state	uscite	dovete	date
Loro	fanno	stanno	escono	devono	danno

	VOLERE	ANDARE	VENIRE	SAPERE	DIRE
Io	voglio	vado	vengo	so	dico
Tu	vuoi	vai	vieni	sai	dici
Lui/Lei	vuole	va	viene	sa	dice
Noi	vogliamo	andiamo	veniamo	sappiamo	diciamo
Voi	volete	andate	venite	sapete	dite
Loro	vogliono	vanno	vengono	sanno	dicono

	RIMANERE	COGLIERE	SALIRE	SCEGLIERE	MORIRE
Io	rimango	colgo	salgo	scelgo	muoio
Tu	rimani	cogli	sali	scegli	muori
Lui/Lei	rimane	coglie	sale	sceglie	muore
Noi	rimaniamo	cogliamo	saliamo	scegliamo	moriamo
Voi	rimanete	cogliete	salite	scegliete	morite
Loro	rimangono	colgono	salgono	scelgono	muoiono

	MUOVERE	PORRE	TENERE	BERE	TRADURRE
Io	muovo	pongo	tengo	bevo	traduco
Tu	muovi	poni	tieni	bevi	traduci
Lui/Lei	muove	pone	tiene	beve	traduce
Noi	moviamo	poniamo	teniamo	beviamo	traduciamo
Voi	movete	ponete	tenete	bevete	traducete
Loro	muovono	pongono	tengono	bevono	traducono

12: 직설법 현재 동사의 불규칙 연습

1. Maria _____ di casa ogni mattina alle otto. (uscire)

2. Il giorno _____. (morire)

3. Loro _____ sempre le cose sbagliate. (scegliere)

4. Noi _____ fare qualcosa per lei. (dovere)

5. Secondo me, lui _____ troppo. (bere)

6. Che cosa _____ voi stasera? (fare)

7. Dove _____ a quest'ora? (tu – andare)

8. Come _____, Mario? (stare)

9. _____ dal locale. (io – uscire)

10. Perché _____ venire Mario? (dovere)

11. Non _____ fare tardi. (noi – dovere)

12. Non _____ più da cinque giorni. (lei – venire)

13. Gli applausi non _____. (venire)

14. Ma da dove _____ questi vampiri? (venire)

15. Ma che _____? (tu – dire)

16. _____ a terra. (lui – rimanere)

17. Questa volta _____ zitto. (io – rimanere)

18. Io _____ il caffè. (bere)

19. _____ a letto. (io – andare)

20. Giovanni _____ in pizzeria. (andare)

21. _____ in autobus. (noi – venire)

22. _____ partire presto. (io – dovere)

23. _____ cambiare i soldi in banca. (loro – dovere)

24. _____ parlare più piano? (voi – potere)

25. Tu _____ colazione a casa di solito? (fare)

26. Lucio _____ sempre tardi la sera. (fare)

27. Voi per quanto tempo _____ ? (rimanere)

28. _____ fra qualche minuto. (io – uscire)

29. _____ ogni sera con gli amici. (loro – uscire)

30. Sergio e Bianca _____ una cassetta di Mina. (scegliere)

31. Ragazzi, _____ un disco anche voi? (scegliere)

32. Noi _____ volentieri a Firenze. (stare)

33. Anche noi _____ vino rosso? (bere)

34. _____ visitare Firenze e Roma. (lui – volere)

35. E tu che cosa _____ ? (dire)

36. _____ con l'ascensore o a piedi? (tu – salire)

37. _____ da Gianni o telefoniamo prima? (noi – salire)

38. Ragazzi, _____ il numero di telefono di Renzo? (sapere)

13: 요일, 달, 계절

Che giorno è oggi?	오늘이 무슨 요일이지?
Oggi è lunedì.	오늘은 월요일이다.
martedì.	오늘은 화요일이다.
mercoledì.	오늘은 수요일이다.
giovedì.	오늘은 목요일이다.
venerdì.	오늘은 금요일이다.
sabato	오늘은 토요일이다.
domenica	오늘은 일요일이다.

In quale mese siamo?	우리 몇 월에 있지?	
In che mese siamo?	우리 몇 월에 있지?	
Siamo nel mese di	gennaio.	1월에 있다.
Siamo in	febbraio.	2월
	marzo.	3월
	aprile.	4월

maggio.	5월
giugno.	6월
luglio.	7월
agosto.	8월
settembre.	9월
ottobre.	10월
novembre.	11월
dicembre.	12월

Quale stagione preferisce?	어느 계절을 더 좋아하세요?
Preferisco la primavera.	봄을 더 좋아합니다.
l'estate.	여름
l'autunno	가을
l'inverno	겨울

14: 의문문(Frase Interrogativa)

[유형 1] 서술문을 의문문으로 사용.

Il posto è libero?   자리가 비어있나요?

[유형 2] 주부와 술부의 어순을 바꿈.

È libero il posto?   자리가 비어있나요?

[유형 3] 의문사를 사용. 의문사는 명사, 형용사, 부사로 나누어진다.

01 Nome(명사)

Chi sono Marianne e Paul?   마리안느와 폴이 누구니?

Che fai?   무엇을 하니?

Cosa fai?   무엇을 하니?

Che cosa fai?   무엇을 하니?

Quali di questi libri leggi?   이 책들 중에서 어떤 것을 읽니?

Quante sono?   몇 개니?

02 Aggettivo(형용사)

Quale libro è tuo?   어떤 책이 너의 것이니?

Quanti libri?   얼마나 많은 책들을?

Non so che / quale decisione prendere.

                                            나는 어떤 결정을 내릴지 모르겠다.

03 Avverbio(부사)

Perché siete in Italia?   너희들은 왜 이탈리아에 왔니?

Come mai siete in Italia?   너희들은 왜 이탈리아에 왔니?

Dove sono io?   내가 어디에 있는 거니?

Come si chiama la signora?   그 아주머니가 어떻게 불리니?

Quando torni a casa?   언제 집에 돌아갈거니?

Quanto costa la tua macchina?   너의 승용차가 얼마 나가니?

15: 의문문 예문

Dov'è la stazione ferroviaria?

La stazione ferroviaria è là.

Di dov'è Lei?

Sono di Seul.

Di dov'è Lei?

Vengo dalla Corea.

A che ora arriva l'aereo?

L'aereo arriva alle 7.

Chi va al museo?

Giovanni va al museo.

Chi ha i capelli lisci corti e neri?

Perché è a letto?

Come mai sei da queste parti?

Chi lo sa?

Lei aspetta Maria.

Come andiamo all'albergo.

Prendiamo la metropolitana.

Come va al ristorante?

Prendo un taxi.

Che cosa fa?

Dorme.

Che cosa fanno?

Aspettano.

Che cos'è quello?

Quello è un giornale.

Che cosa portano le donne?

Una porta una camicia blu e una porta una maglietta blu.

Che cibo è questo?

Questo è pane.

Quanti soldi hai?

Ho trenta euro.

Quante macchine fotografiche ha Lei?

Ho due macchine fotografiche.

Quanto costa questo vestito?

Costa 10 euro.

Qual è la data di oggi?

Oggi è il cinque aprile.

Quale bambino beve il latte?

Il bambino beve il latte.

16: 부사(Avverbio)

부사는 일반적으로 여러 문장 성분을 수식하는 낱말을 말한다. 부사는 동사구, 형용사나 형용사구, 다른 부사나 부사구, 그리고 절 또는 문장 전체를 수식 대상으로 하며 서술 내용을 한정하는 수식어이다. 라틴어의 adverbium에 해당하는 용어 ad 'presso' + verbum 'parola'로 '다른 단어 옆에 있는 단어'라는 의미로 주로 수식하는 대상 왼쪽이나 오른 쪽에 온다.

01 수식어로서 부사는 일반적으로 수식하는 대상의 앞에 오는 것이 원칙이다. 그러나 동사를 수식할 때는 뒤에 온다.

동사구 수식: cammina molto

형용사 수식: molto felice

부사 수식: molto volentieri

명사 수식: la quasi totalità

절 / 문장 수식: sicuramente, ci andrò domani

02 부사의 종류

장소부사: QUI, QUA, CI, VICINO, LONTANO 등

시간부사: ORA, ADESSO, ANCORA, IERI, OGGI, PRIMA, POI,
DOPO, PRESTO, SUBITO, SEMPRE 등

방법, 성질부사: BENE, MALE, MEGLIO, PEGGIO, VOLENTIERI 등

양, 등급부사: MOLTO, POCO, MENO, TROPPO, PIÙ, TANTO 등

판단, 양태부사: INFATTI, CERTO, SICURO, PROPRIO,
PROBABILMENTE, FORSE, SÌ, NO, NON 등

연결부사: DUNQUE, INFATTI, QUINDI, PERTANTO,
EPPURE 등

03 파생 부사

파생 부사는 다른 품사의 단어에 접미사 −mente나 −oni가 붙어
서 부사화된 단어를 일컫는다.

1. [형용사 + 파생 접미사 −mente]형의 부사
   이 유형은 생산성이 높은 부사로 형용사에 −mente가 부가
   된 형태이다. 라틴어에서 명사였던 mente가 앞에 즉, 왼쪽

편에 위치해 있던 형용사와 융합되어서 한 단어로 어휘화 된
것이다.

예) serenamente ← serena mente (con intenzione serena)

❑ -mente 형의 특징

a. 부사나 부사어는 한 문장 안에서 여러 개가 동시에 나타날 수 있다(molto pi
   presto). 그러나 -mente 형의 부사는 한 문장이나 절 안에서 -mente 형의 부
   사 다음에 -mente 부사형이 나타날 수 없다.

b. 형용사 중에서 수량 형용사(UNO, DUE, TRE 등), 지시 형용사(QUESTO,
   QUELLO 등), 소유 형용사(MIO, TUO, SUO 등)는 제외된다. 또한 색깔을 나타내
   는 형용사(BIANCO, VERDE, ROSSO 등), VECCHIO, BUONO, FRESCO 등은
   -mente 형 파생부사가 될 수 없다.

❑ -mente 형 파생 규칙

a. 끝이 -o로 단수 형용사의 어미를 -a로 바꾸고 -mente를 붙인다.
   예) largo → largamente, rapido → rapidamente

b. 끝이 -e로 끝나는 형용사는 -mente만 붙인다.
   예) forte → fortemente, semplice → semplicemente, dolce → dolce-mente

c. 끝이 -le, -re로 끝나는 형용사는 e를 없애고 -mente를 붙인다.
   예) facile → facilmente, utile → utilmente, particolare → particolarmente
   예외) alacre → alacremente

d. 끝이 -lo, -ro로 끝나는 형용사는 o를 없애고 -mente를 붙인다.
   예) leggero → leggermente, ridicolo → ridicolmente
   예외) raro → raramente, subdolo → subdolamente, amaro → amaramente

e. 이중 자음, 즉 같은 자음이 둘 나오면 모음을 생략할 수 없다. (c. 규칙이 적용 안됨)
   예) folle → follemente

f. 기타 불규칙 변화

 예) violento → violentemente, pari → parimenti / e, altro → altrimenti

2. [동사 / 명사 + 파생 접미사 – oni]형의 부사

형용사에 – mente가 붙어서 부사가 되는 형태는 생산성이 높아서 대부분의 형용사가 부사화 될 수 있지만 아래 명사나 동사에서 파생된 부사로 몇몇 단어로 제한되어 사용되고 있다. 이 형태는 생산성이 낮은 부사이므로 외우는 것이 바람직하다.

❏ [동사 + 파생 접미사 – oni]형 부사어

 a. tastare → tastoni (더듬어서, 무분별하게)

 b. tentare → tentone / i (더듬어서, 명확한 생각 없이)

 c. cavalcare → cavalcioni (말 타는 자세로)

 d. ruzzolare → ruzzoloni (빙빙 돌면서)

 e. ciondolare → ciondolone / i (매달려서)

 f. penzolare → penzolone / i (늘어트리고)

❏ [명사 + 파생 접미사 – oni]형 부사어

 a. bocca → boccone / i (머리를 숙이고)

 b. ginocchio → ginocchione / i (무릎으로, 무릎을 꿇고)

rapido _____	triste _____
lento _____	sano _____
pieno _____	pigro _____
facile _____	divertente _____
difficile _____	noioso _____
probabile _____	duro _____
improbabile _____	molle _____
possibile _____	educato _____
impossibile _____	maleducato _____
pesante _____	chiaro _____
aperto _____	scuro _____
leggero _____	felice _____
giusto _____	infelice _____
forte _____	coraggioso _____
allegro _____	gentile _____

cortese _____

povero _____

ricco _____

grazioso _____

brutto _____

largo _____

stretto _____

robusto _____

moderno _____

antico _____

naturale _____

innaturale _____

necessario _____

vero _____

falso _____

utile _____

inutile _____

stanco _____

riposato _____

18: 근과거(Passato Prossimo)

과거 특정시간에서의 완료나 결과를 나타내는 시제이다. 이 시제를 표현하기 위해서는 "조동사 ESSERE나 AVERE의 현재형 + 과거분사"가 사용된다.

01 형태

ESSERE			$-$ are $\rightarrow$ $-$ ato
	$+$	과거분사	$-$ ere $\rightarrow$ $-$ uto
AVERE			$-$ ire $\rightarrow$ $-$ ito

Annabella ha cambiato casa. (cambiare)

안나벨라는 집을 바꾸었다.

Questa notte ho lavorato molto. (lavorare)

오늘 저녁에 나는 일을 많이 했다.

Non hai ricevuto la mia lettera? (ricevere)

너 내 편지 못 받았니?

Avete venduto la moto? (vendere)

너희들 오토바이를 팔았니?

Non abbiamo capito bene la lezione. (capire)

우리는 수업을 잘 이해하지 못했다.

A che ora hai finito di scrivere? (finire)

몇 시에 편지 쓰는 것을 끝냈니?

I giornali di oggi non sono usciti. (uscire)

오늘 신문들이 나오지 않았다.

02 근과거란?

1. 근과거는 완료시제이다. 즉 언제 시작하고, 끝났는지 시간이 분명하다.

   Quando sono tornato a casa, ho trovato il tuo messaggio.

   내가 집에 돌아 왔을 때 너의 메세지를 발견했다.

2. 현재와 관련되어 있는 행동. 과거의 행동이나 사건이 현재에 영향을 미칠 수 있다.

Oggi ho fatto ginnastica e ora mi fanno male le gambe.

오늘 나는 운동을 했다. 그래서 지금 다리가 아프다.

Ho vissuto a Roma per 18 anni e ora mi sono trasferita.

나는 로마에서 18년 동안 살았다. 그리고 지금은 이사를 했다.

3. essere + p.p.는 주어의 성수에 따라서 변하지만, avere + p.p.는 변하지 않는다.

형용사	coreano	동사	andare	동사		lavare
Io	sono	coreano/a	sono	andato/a	ho	lavato
Tu	sei	coreano/a	sei	andato/a	hai	lavato
Lui/Lei	è	coreano/a	è	andato/a	ha	lavato
Noi	siamo	coreani/e	siamo	andati/e	abbiamo	lavato
Voi	siete	coreani/e	siete	andati/e	avete	lavato
Loro	sono	coreani/e	sono	andati/e	hanno	lavato

essere가 형용사와의 결합에서처럼 essere와 결합하는 과거분사는 주어의 성 / 수에 따라서 변화한다. 그러나 avere와 결합하는 과거분사는 주어의 성 / 수에 따른 변화는 없다.

근과거에서 조동사 avere와 essere 선택

1. AVERE

❏ 타동사

ricevere, capire, trovare, conoscere, finire, cambiare, cercare, vendere 등

❏ 동족목적어를 취하는 자동사

dormire, sognare, parlare, sorridere, piangere 등

동족목적어라는 것은 '(잠을) 자다'나 '(꿈을) 꾸다'와 같은 동사의 부류를 말한다.

2. ESSERE

❏ 왕래발착을 나타내는 자동사(어떤 곳에서 이동이 있다.)

partire, andare, arrivare, uscire, cadere, tornare, entrare, ritornare, rientrare 등

❏ 상태동사

stare, essere, rimanere, restare 등

❏ 상태변화동사

morire, nascere, impazzire, ingrassare, invecchiare, crescere 등

❏ '발생하다'류 동사

accadere, capitare, succedere 등

ESSERE	stato	METTERE	messo	RIDERE	riso
ACCENDERE	acceso	PROMETTERE	promesso	DECIDERE	deciso
CHIUDERE	chiuso	PERMETTERE	permesso	UCCIDERE	ucciso
SPENDERE	speso	SUCCEDERE	successo	NASCERE	nato
CORRERE	corso	LEGGERE	letto	CHIEDERE	chiesto
PRENDERE	preso	FARE	fatto	RISPONDERE	risposto
RENDERE	reso	DIRE	detto	RIMANERE	rimasto
SCENDERE	sceso	VIVERE	vissuto	TOGLIERE	tolto
ATTENDERE	atteso	MUOVERE	mosso	COGLIERE	colto
VENIRE	venuto	STRINGERE	stretto	RISOLVERE	risolto
APRIRE	aperto	CUOCERE	cotto	PERDERE	perduto
OFFRIRE	offerto	RIDURRE	ridotto		perso
COPRIRE	coperto	CONDURRE	condotto	VEDERE	veduto
MORIRE	morto	TRADURRE	tradotto		visto

(05) 근과거 예들

Ieri ho mangiato un bella bistecca.

어제 나는 맛있는 비프스테이크를 먹었다.

Abbiamo mandato un telegramma a Maria.

우리는 마리아에게 전보를 보냈다.

Chi ha acceso il televisore.

누가 티비를 켰니?

Che cosa hai fatto ieri sera?

어제 저녁에 뭐 했니?

Hai letto il giornale di questa mattina?

오늘 아침 신문 읽었니?

Che regali ha ricevuto?

어떤 선물들을 받으셨습니까?

Ieri notte non ho dormito bene.

어제 밤에 나는 잘 자지 못했다.

Sono un po' stanco perché ho nuotato molto.

나는 수영을 많이 했기 때문에 피곤하다.

Dove sei nato?

어디에서 태어났니?

Chi è restato a casa con i bambini?

누가 집에 애들과 남아 있었니?

Carlo è tornato a casa alle tre.

까를로는 집에 3시에 돌아왔다.

I bambini sono diventati grandi.

아이들이 어른이 되었다.

Mio padre è invecchiato molto negli ultimi anni.

나의 아버지는 근년에 나이가 드셨다.

Che cosa è successo?

무슨 일이 일어났니?

Laura e Sergio sono entrati nel museo.

라우라와 세르죠는 박물관에 들어갔다.

Paolo è caduto in giardino.

빠올로는 정원으로 떨어졌다.

Siete partiti ieri l'altro da New York?

그제 뉴욕으로부터 떠났니?

서법동사 volere, potere, dovere 등은 자신이 조동사를 선택할 수 있는 자질을 갖지 못한다. 뒤에 나오는 본동사에 따라서 결정이 된다.

Non ho potuto finire il lavoro.

나는 일을 마칠 수가 없었다.

Non sono potuto/a rimanere a casa.

나는 집에 남아 있을 수가 없었다.

19: 근과거 연습

1. Loro _____ il nostro invito. (accettare)

2. Lui _____ un conto in banca. (aprire)

3. Lui _____ abitualmente in ritardo. (arrivare)

4. Noi non _____ vino ma birra. (bere)

5. Chi _____ alla porta? (bussare)

6. Io _____ in punta di piedi per non fare rumore. (camminare)

7. Io non _____ bene la trama di quel film. (capire)

8. Loro non _____ la porta. (chiudere)

9. Noi _____ tutti i frutti di quell'albero. (cogliere)

10. La neve _____ la cima delle colline. (coprire)

11. Quel vestito _____ troppo. (costare)

12. Quella commedia _____ molto gli spettatori. (divertire)

13. Io _____ il compito in ritardo. (finire)

14. Quel tennista _____ bene. (giocare)

15. Tu _____ molto in questi ultimi anni. (ingrassare)

16. Ieri sera _____ dai miei genitori. (io – andare)

17. Ieri _____ un vestito nuovo. (io – comprare)

18. Ieri sera _____ un bel film alla televisione. (io – vedere)

19. Accanto a lei _____ momenti molto difficili. (io – vivere)

20. Lei _____ l'aperitivo ai suoi amici. (offrire)

21. Quella signora _____ dei momenti difficili. (passare)

22. Ieri noi _____ sotto la pioggia. (passeggiare)

23. Ieri _____ il mio orologio. (perdere)

24. Ieri lui _____ il treno delle 8. (prendere)

25. Io _____ la mia vecchia automobile. (vendere)

26. Quando _____ da Roma? (voi tornare)

27. Da dove _____? (voi – passare)

28. A che ora _____ di casa? (voi – uscire)

29. Il ladro _____ giù dalla finestra. (saltare)

30. Loro _____ due file di scale in un baleno. (scendere)

31. Quell'astronomo _____ una nuova stella. (scoprire)

32. Io non _____ a macchina le lettere. (scrivere)

33. Noi_____ il consiglio del medico. (seguire)

34. Tu _____ il suono delle campane della chiesa vicina. (sentire)

35. Voi _____ tutto il denaro in regali per gli amici. (spendere)

36. Gabriella _____ male tutta la notte. (stare)

37. Che cosa _____ domenica scorsa? (tu – fare)

38. Come _____ la serata? (tu – passare)

20: 수량 형용사(Numeri)

아라비아수	로마수	기수(numerali cardinali)	서수(numerali ordinali)
1	I	uno	primo
2	II	due	secondo
3	III	tre	terzo
4	IV	quattro	quarto
5	V	cinque	quinto
6	VI	sei	sesto
7	VII	sette	settimo
8	VIII	otto	ottavo
9	IX	nove	nono
10	X	dieci	decimo
11	XI	undici	undicesimo
12	XII	dodici	dodicesimo
13	XIII	tredici	tredicesimo
14	XIV	quattordici	quattordicesimo
15	XV	quindici	quindicesimo
16	XVI	sedici	sedicesimo
17	XVII	diciassette	diciassettesimo
18	XVIII	diciotto	diciottesimo
19	XIX	diciannove	diciannovesimo
20	XX	venti	ventesimo

아라비아수	로마수	기수(numerali cardinali)	서수(numerali ordinali)
30	XXX	trenta	trentesimo
40	XL	quaranta	quarantesimo
50	L	cinquanta	cinquantesimo
60	LX	sessanta	sessantesimo
70	LXX	settanta	settantesimo
80	LXXX	ottanta	ottantesimo
90	XC	novanta	novantesimo
100	C	cento	centesimo
200	CC	duecento	duecentesimo
300	CCC	trecento	trecentesimo
400	CD	quattrocento	quattrocentesimo
500	D	cinquecento	cinquecentesimo
600	DC	seicento	seicentesimo
700	DCC	settecento	settecentesimo
800	DCCC	ottocento	ottocentesimo
900	CM	novecento	novecentesimo
1000	M	mille	millesimo
10000	$\overline{\text{X}}$	diecimila	decimillesimo
100000	$\overline{\text{C}}$	centomila	centomillesimo
1000000	$\overline{\text{X}}$	un milione	un milionesimo

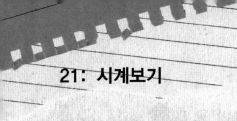

21: 시계보기

01 시간

Che ora è? / Che ore sono?	몇 시입니까?
È l'una.	한 시입니다.
Sono le due.	두 시입니다.

02 시간과 분

È l'una e quindici minuti.	1시 15분입니다.
È l'una e un quarto(1 / 4).	
Sono le ore tredici e trenta minuti.	13시 30분입니다.
Sono le ore tredici e mezzo / mezza.	
È l'una e quarantacinque minuti.	1시 45분입니다.
È l'una e tre quarti(3 / 4).	

Sono le due meno un quarto(1 / 4).

Manca un quarto alle due.

È mezzanotte.   자정입니다.

È mezzogiorno.   정오입니다.

22: 이중부정어(Doppia Negazione)

이중 부정어는 두 종류가 있다. 약한 긍정의 의미가 있는 것과 강한 부정의 의미가 있는 것으로 구분된다. 약한 긍정은 "NON~어휘적 부정어" 구조를 가지고 있다.

01 약한 긍정

Non è illegale.   불법적이지는 않다.

Non è scortese.   불친절하지는 않다.

> ※ 위에서 '불법적이지는 않다'라는 말은 "합법적이다"라는 의미를 함의하지 않으며,
> '불친절하지는 않다'라는 말 역시 "친절하다"라는 의미를 함의하지는 않는다.

1. 결코~않다(NON~MAI)

Non vado mai al concerto.

나는 콘서트에 결코 가지 않을 것이다.

Non sono andati mai in Cina. / Non sono mai andati in Cina.

그들은 중국에 가본 적이 결코 없다.

※ 단순시제에서 NON은 동사 앞에 MAI는 동사 뒤에 온다. 복합시제일 때 MAI는 본
   동사 뒤에나 본동사 앞에 올 수 있다.

2. ~도 않다(NON~NESSUNO(사람))

Non invito nessuno.

나는 어떤 사람도 초청하지 않는다.

3. ~도 않다(NON~NIENTE 또는 NULLA(사물))

Non ho mangiato nulla. / Non ho mangiato niente.

나는 어떤 것도 먹지 않았다.

4. 전혀~않다(NON~AFFATTO)

Non sono affatto stanco.   난 전혀 피곤하지 않아.

5. 전혀~않다(NON~MICA)

   Non è mica stupido. 　　　　그는 전혀 어리석지 않아.

6. ~도~도 않다(NON~NÉ~NÉ)

   Non conosco né Firenze né Roma.

   나는 피렌체도 로마도 모르는데.

7. 기　타

   ~밖에 않다(NON~CHE)

   Non abbiamo che cinque dollari. 우리는 단지 5달러 밖에 없어.

   더 이상 않다(NON~PIÙ)

   Non parlo più. 난 더 이상 이야기하지 않겠다.

23: 소유형용사와 소유대명사

01 형태

표제어	남성		여성	
	단수	복수	단수	복수
mio	mio	miei	mia	mie
tuo	tuo	tuoi	tua	tue
suo	suo	suoi	sua	sue
nostro	nostro	nostri	nostra	nostre
vostro	vostro	vostri	vostra	vostre
loro	loro	loro	loro	loro

02
소유형용사 / 대명사의 형태는 소유물인 명사의 성과 수에 따라서 형태가 결정된다. 소유자의 성과 수는 소유 형용사 / 대명사의 형태와는 관련이 없다.

03 이탈리아어에서는 독립적인 소유대명사형이 존재하지 않고, 소유형용사에 정관사를 결합하면 소유대명사가 된다.

04 소유형용사는 서술적 기능도 갖는다

Di chi è questa penna?　　　　È la mia. 소유대명사

Di chi sono questi occhiali?　　Sono i suoi. 소유대명사

Di chi è questa penna?　　　　È mia. 소유형용사

Di chi sono questi occhiali?　　Sono suoi. 소유형용사

> ※ 바로 위 예문은 소유 대상이 되는 명사가 생략된 것으로 또는 소유 대명사에서 관사가 생략된 것으로 이해할 수도 있겠지만 생략되었건 생략되지 않았건 위처럼 사용할 수 있다는 것은 이탈리아어의 소유형용사가 서술적 기능으로 사용할 수 있다는 것이다.

빈칸에 해당되는 적절한 소유형용사나 소유대명사를 넣어주세요.

1. I genitori pensano a _____ figli.

2. Ogni persona ha _____ problemi.

3. Dobbiamo mettere ogni cosa a _____ posto.

4. È arrivato con _____ macchina.

5. Franco porta anche _____ sorella.

6. Vengono anche Pietro e Stefania con _____ amici.

7. Venite in macchina con noi, o preferite andare con _____?

8. Siamo andati a trovare Franco e Silvia nella _____ nuova casa.

9. Noi abbiamo due amici: _____ amici sono: Paolo e Giovanni.

10. Lei ha un'amica: _____ amica è Teresa.

11. Lei ha un fratello: _____ nome è Giorgio.

12. Noi abbiamo una villa: _____ villa è grande.

13. Loro hanno un appartamento: _____ appartamento è piccolo.

14. Voi avete un'automobile: _____ automobile è nuova.

15. Pietro e Costina hanno un negozio: _____ negozio è in centro.

16. Non credo alle _____ parole.

17. Signor Bianchi, come stanno _____ genitori?

18. Federico, posso prendere uno di _____ libri?

19. Tutti devono fare _____ dovere.

20. Sono uscito con Maria e _____ amica.

21. Tutti fanno _____ interesse.

22. Io ho il mio libro e tu hai _____

23. Voi avete i vostri giocattoli, noi abbiamo _____

24. Il mio pullover è rosso, Ma _____ è blu.

25. Questo è il mio giornale e quello è _____

26. Questa non è la mia penna, ma quella è _____

27. Noi amiamo la nostra città, voi amate _____

28. In classe, io ho il mio posto e tu hai _____

29. Il mio anello è d'oro, _____ è d'argento.

30. Io prendo le mie decisioni e tu prendi _____

31. Questi sono i nostri dischi. Dove sono _____?

32. Questo registratore è _____

33. Io dico le mie ragioni e tu dici _____

34. I genitori di Anna arrivano domani, _____ fra una settimana.

35. La bicicletta di Alberto ha le ruote grandi, _____ ha le ruote piccole.

36. Signor Rossi, _____ è una bellissima villa!

37. Signora, _____ è un bel giardino!

38. Signorina, _____ non è una scusa valida.

25 : 진행형

01 형태

stare	$-$ are $\rightarrow$ $-$ ando $-$ ere $\rightarrow$ $-$ endo $-$ ire $\rightarrow$ $-$ endo

02 이탈리아어에서 진행형은 "stare + $-$ ando / $-$ endo / $-$ endo"으로 "~하고 있는 중이다"을 뜻한다.

03 진행형은 현재진행형과 과거 진행으로 나눠진다. 현재진행형은 stare의 현재동사에 $-$ ando / $-$ endo / $-$ endo를 결합해서 사용하며, 과거진행형은 stare의 임뻬르페또 동사에 $-$ ando / $-$ endo / $-$ endo를 결합해서 사용한다.

04 ‒ ando / ‒ endo / ‒ endo의 형태는 제룬디오(gerundio)에서 볼

수 있다. 이탈리아어의 제룬디오는 분사적 기능에 사용되는

어미이다.

26: 현재 진행형 문장 연습

1. Io ＿＿＿＿＿＿＿ l'italiano. (studiare)

2. Il ragazzo ＿＿＿＿＿＿＿. (saltare)

3. La bambina ＿＿＿＿＿＿＿. (correre)

4. La donna ＿＿＿＿＿＿＿. (camminare)

5. L'uomo e la donna ＿＿＿＿＿＿＿. (ballare)

6. Il bambino ＿＿＿＿＿＿＿. (cadere)

7. La donna ＿＿＿＿＿＿＿. (nuotare)

8. L'uccello ＿＿＿＿＿＿＿. (volare)

9. La bambina non ＿＿＿＿＿＿＿ il latte. (bere)

10. Quella donna ＿＿＿＿＿＿＿. (cavalcare)

11. Quell'uomo ＿＿＿＿＿＿＿ il telefono. (usare)

12. Mario ＿＿＿＿＿＿＿ in bicicletta. (andare)

13. Una studentessa ＿＿＿＿＿＿＿ la carta. (tagliare)

14. Un uomo ＿＿＿＿＿＿＿ nell'acqua. (saltare)

15. Il bambino ＿＿＿＿＿＿＿ il pane. (mangiare)

16. La donna _____ . (indicare)

17. _____ il cane? (sorridere)

18. Il bambino _____ all'uomo. (parlare)

19. La donna _____ con la scala mobile. (salire)

20. La donna in rosa _____ alla bambina in giallo. (parlare)

21. L'uomo non può parlare perché _____ . (bere)

22. Tu _____ a casa? (andare)

23. Una ragazza _____ dal furgone. (scendere)

24. Il gatto _____ via. (andare)

25. Lo studente _____ di prendere la pala mentre tiene un libro. (cercare)

26. La donna _____ il cavallo. (condurre)

27. I bambini _____ la televisione. (guardare)

28. Il ragazzo _____ i fiori. (odorare)

29. Nessuno _____ la palla. (calciare)

30. L'automobile _____ l'angolo. (girare)

31. Una piccola barca _____ nell'acqua. (navigare)

32. L'uomo _____ il carrello. (spingere)

33. Il ragazzo _____ la chitarra alla bambina. (dare)

34. L'uomo _____ un bicchiere di latte. (prendere)

35. Il fuoco _____ la candela. (bruciare)

36. La ragazza _____ il piano. (suonare)

37. _____ (piovere)

38. _____ (nevicare)

모범 답안

p. 17

	정관사	부정관사	정관사 복수	부분관사
stato	lo stato	uno stato	gli stati	degli stati
lavoro	il lavoro	un lavoro	i lavori	dei lavori
paese	il paese	un paese	i paesi	dei paesi
cittadino	il cittadino	un cittadino	i cittadini	dei cittadini
mondo	il mondo	un mondo	i mondi	dei mondi
governo	il governo	un governo	i governi	dei governi
bambino	il bambino	un bambino	i bambini	dei bambini
film	il film	un film	i film	dei film
campionato	il campionato	un campionato	i campionati	dei campionati
mese	il mese	un mese	i mesi	dei mesi
sposo	lo sposo	uno sposo	gli sposi	degli sposi
giorno	il giorno	un giorno	i giorni	dei giorni
numero	il numero	un numero	i numeri	dei numeri
libro	il libro	un libro	i libri	dei libri
scrittore	lo scrittore	uno scrittore	gli scrittori	degli scrittori
padre	il padre	un padre	i padri	dei padri
giocatore	il giocatore	un giocatore	i giocatori	dei giocatori
partito	il partito	un partito	i partiti	dei partiti
anello	l'anello	un anello	gli anelli	degli anelli
tempo	il tempo	un tempo	i tempi	dei tempi

	정관사	부정관사	정관사 복수	부분관사
modo	il modo	un modo	i modi	dei modi
diritto	il diritto	un diritto	i diritti	dei diritti
aspetto	l'aspetto	un aspetto	gli aspetti	degli aspetti
ragazzo	il ragazzo	un ragazzo	i ragazzi	dei ragazzi
ministro	il ministro	un ministro	i ministri	dei ministri
gruppo	il gruppo	un gruppo	i gruppi	dei gruppi
sale	il sale	un sale	없음	del sale
affetto	l'affetto	un affetto	gli affetti	degli affetti
fratello	il fratello	un fratello	i fratelli	dei fratelli
passo	il passo	un passo	i passi	dei passi
motore	il motore	un motore	i motori	dei motori
regalo	il regalo	un regalo	i regali	dei regali
dottore	il dottore	un dottore	i dottori	dei dottori
gatto	il gatto	un gatto	i gatti	dei gatti
abito	l'abito	un abito	gli abiti	degli abiti
libreria	la libreria	una libreria	le librerie	delle librerie
nuvola	la nuvola	una nuvola	le nuvole	delle nuvole
chiave	la chiave	una chiave	le chiavi	delle chiavi
notte	la notte	una notte	le notti	delle notti
agenzia	l'agenzia	un' agenzia	le agenzie	delle agenzie
persona	la persona	una persona	le persone	delle persone
bicicletta	la bicicletta	una bicicletta	le biciclette	delle biciclette
mancia	la mancia	una mancia	le mance	delle mance
cameriera	la cameriera	una cameriera	le cameriere	delle cameriere
madre	la madre	una madre	le madri	delle madri
dottoressa	la dottoressa	una dottoressa	le dottoresse	delle dottoresse
alleanza	l'alleanza	un' alleanza	le alleanze	delle alleanze

p. 19

	정관사	부정관사	정관사 복수	부분관사
sorella	la sorella	una sorella	le sorelle	delle sorelle
frutta	la frutta	una frutta	le frutte	delle frutte
mela	la mela	una mela	le mele	delle mele
bevanda	la bevanda	una bevanda	le bevande	delle bevande
ambasciata	l'ambasciata	un'ambasciata	le ambasciate	delle ambasciate
ambulanza	l'ambulanza	un'ambulanza	le ambulanze	delle ambulanze
donna	la donna	una donna	le donne	delle donne
rosa	la rosa	una rosa	le rose	delle rose
foglia	la foglia	una foglia	le foglie	delle foglie
linea	la linea	una linea	le linee	delle linee
cabina	la cabina	una cabina	le cabine	delle cabine
sala	la sala	una sala	le sale	delle sale
fontana	la fontana	una fontana	le fontane	delle fontane
fermata	la fermata	una fermata	le fermate	delle fermate
cintura	la cintura	una cintura	le cinture	delle cinture
pera	la pera	una pera	le pere	delle pere
stella	la stella	una stella	le stelle	delle stelle
porta	la porta	una porta	le porte	delle porte
carta	la carta	una carta	le carte	delle carte
sera	la sera	una sera	le sere	delle sere
ora	l'ora	un'ora	le ore	delle ore
pianta	la pianta	una pianta	le piante	delle piante
casa	la casa	una casa	le case	delle case

✏ p. 27

1. abita 2. arrivano 3. ascolti 4. camminano 5. chiamo 6. chiedete
7. chiudete 8. compriamo 9. conferma 10. conosco 11. correggiamo
12. cucinate 13. desideriamo 14. eleggono 15. esporta 16. firma 17.
fumiamo 18. guardate 19. guido 20. imparano 21. incontrate 22.
legge 23. perde 24. prendono 25. preparo 26. ripetete 27. risolvono
28. rispetta 29. saluta 30. scendete 31. sembra 32. significa 33.
studiano 34. suonano 35. telefonano 36. torna 37. vivono

✏ p. 41

1. alla 2. dal 3. alle 4. Alla 5. della 6. nella, del 7. sul 8. nella 9.
della 10. nella, dello 11. al 12. sul 13. alla 14. sulla 15. sul 16.
nella 17. al 18. dal 19. dalla 20. dalla 21. alla 22. sulla 23. dal
24. al 25. dalla 26. nello 27. nel 28. sulla 29. sugli 30. sulla 31.
allo 32. allo 33. dello 34. alla 35. sul 36. alla 37. della 38. nel

✏ p. 46

1. esce 2. muore 3. scelgono 4. dobbiamo 5. beve 6. fate 7. vai 8.
stai 9. esco 10. deve 11. dobbiamo 12. viene 13. vengono 14.
vengono 15. dici 16. rimane 17. rimango 18. bevo 19. vado 20. va

21. veniamo 22. devo 23. devono 24. potete 25. fai 26. fa 27. rimanete 28. esco 29. escono 30. scelgono 31. scegliete 32. stiamo 33. beviamo 34. vuole 35. dici 36. salgo 37. saliamo 38. sapete

✐ p. 60

rapido → rapidamente,   lento → lentamente,   pieno → pienamente, facile → facilmente, difficile → difficilmente, probabile → probabilmente, improbabile → improbabilmente, possibile → possibilmente, impossibile → impossibilmente, pesante → pesantemente, aperto → apertamente, leggero → leggeramente, giusto → giustamente, forte → fortemente, allegro → allegramente, triste → tristemente, sano → sanamente, pigro → pigramente, divertente → divertentemente, noioso → noiosamente, duro → duramente, molle → mollemente, educato → educatamente, maleducato → maleducatamente, chiaro → chiaramente, scuro → scura- mente, felice → felicemente, infelice → infelicemente, coraggioso → coraggiosamente, gentile → gentilmente, cortese → cortesemente, povero → poveramente, ricco → riccamente, grazioso → graziosamente, brutto → bruttamente, largo → largamente, stretto → strettamente, robusto → robustamente, moderno → modernamente, antico → anticamente, naturale → naturalmente, innaturale → innaturalmente, necessario →

necessariamente, vero → veramente, falso → falsamente, utile → utilmente, inutile → inutilmente, stanco → stancamente, riposato → riposatamente

☞ p. 70

1. hanno accettato 2. ha aperto 3. è arrivato 4. abbiamo bevuto 5. ha bussato 6. ho camminato 7. ho capito 8. hanno chiuso 9. abbiamo colto 10. ha coperto 11. è costato 12. ha divertito 13. ho finito 14. ha giocato 15. sei ingrassato 16. sono andato 17. ho comprato 18. ho visto 19. ho vissuto 20. ha offerto 21. è passata 22. abbiamo passeggiato 23. ho perso 24. ha preso 25. ho venduto 26. siete tornati 27. siete passati 28. siete usciti 29. è saltato 30. sono scesi 31. ha scoperto 32. ho scritto 33. abbiamo seguito 34. hai sentito 35. avete speso 36. è stata 37. hai fatto 38. hai passato

☞ p. 82

1. i loro 2. i suoi 3. suo 4. la sua 5. sua 6. i suoi 7. le vostre 8. sua 9. i nostri 10. la sua 11. il suo 12. la nostra 13. il loro 14. la vostra 15. il loro 16. tue / sue / vostre / loro 17. i suoi 18. suoi 19. il suo 20. la sua 21. il suo 22. il tuo 23. i nostri 24. il tuo / suo

25. il tuo / suo / vostro / loro 26. la tua / sua / nostra / vostra / loro
27. la vostra 28. il tuo 29. il tuo / suo / vostro / loro 30. le tue 31.
i vostri / loro 32. (il) mio / tuo / suo / nostro / vostro / loro 33. le tue
34. i nostri / vostri / loro 35. la mia / tua / sua / nostra / vostra / loro
36. la sua 37. il suo 38. la sua

✏ p. 87

1. sto studiando 2. sta saltando 3. sta correndo 4. sta camminando 5.
stanno ballando 6. sta cadendo 7. sta nuotando 8. sta volando 9.
sta bevendo 10. sta cavalcando 11. sta usando 12. sta andando 13.
sta tagliando 14. sta saltando 15. sta mangiando 16. sta indicando
17. sta sorridendo 18. sta parlando 19. sta salendo 20. sta parlando
21. sta bevendo 22. stai andando 23. sta scendendo 24. sta
andando 25. sta cercando 26. sta conducendo 27. stanno guardando
28. sta odorando 29. sta calciando 30. sta girando 31. sta navigando
32. sta spingendo 33. sta dando 34. sta prendendo 35. sta bruciando
36. sta suonando 37. sta piovendo 38. sta nevicando

단어 목록

a 전치사

abbiamo (← avere의 1인칭복수)

abita (← abitare의 3인칭단수)

abitare 자동사: 거주하다

abito (← abitare의 1인칭단수)

abitualmente 부사: 습관적으로

accadere 자동사: 발생하다

accanto 부사: 근처에

accendere 타동사: 불을 켜다

acceso (← accendere의 과거분사)

accettare 타동사: 받아들이다, 승낙하다

accordo 남성명사: 일치 essere d'accordo 동의하다

acqua 여성명사: 물

ad 전치사 a에 −d가 결합한 형태. 모음으로 시작하는 단어가 올 때 결합한 형태로 사용

adesso 부사: 지금

aereo (aereoplano의 축약형) 남성명사: 비행기

affatto 부사: 전혀~않다(부정부사 non 과 함께)

affetto 남성명사: 애정

affollato (← affollare) 형용사 / 과거분사: 혼잡한, 사람들로 가득 찬

agenzia 여성명사: 지점

aggettivo 남성명사: 형용사

agli (←a+gli) 전치사관사

agosto 남성명사: 8월

ai (←a+i) 전치사관사

al (←a+il) 전치사관사

alacre 형용사: 활발한

alacremente 부사: 활발히

alba 여성명사: 새벽

albergo 남성명사: 여관, 숙소

alberi (← albero)

albero 남성명사: 나무

Alberto 고유명사: 남자이름의 하나

albicocca 여성명사: 살구

alcolico 남성명사: 알코올

all' (← alla 또는 allo) 전치사관사

alla (← a + la) 전치사관사

allargare 타동사: 넓히다, 확장하다

alle (← a + le) 전치사관사

alleanza 여성명사: 동맹

allegro 형용사: 즐거운

allo (← a + lo) 전치사관사

alpini (← alpino) 형용사: 알프스의

altra (← altro)

altre (← altra ← altro)

altri (← altro)

altrimenti 부사: 달리

altro 형용사: 다른

amaramente 부사: 쓸쓸하게

amare 타동사: 사랑하다

amaro 형용사: 쓴

amate (← amare의 2인칭복수)

ambasciata 여성명사: 대사관

ambulanza 여성명사: 앰뷸런스

amiamo (← amare의 1인칭복수)

amica 여성명사: 여자친구

amiche (← amica)

amici (← amico)

amico 남성명사: 남자친구

ammalato (← ammalare) 형용사 / 과거
　　분사: 병든

anche 부사: 또한, 역시

ancora 부사: 여전히, 더

andare 자동사: 가다

andate (← andare의 2인칭복수)

andati (← andato)

andato (← andare의 과거분사)

anello 남성명사: 반지

angolo 남성명사: 코너, 구석

anima 여성명사: 영혼

anime (← anima)

Anna 고유명사: 여자이름의 하나

Annabella 고유명사: 여자이름의 하나

anni (← anno) 남성명사: 년, 해

anno 남성명사: 년, 해

antico 형용사: 옛날의

anziano 형용사: 나이가 든

aperitivo 형용사: 식욕을 돋우는 명사
　　반주(飯酒)

aperta (← aperto)

aperto (← aprire) 형용사 / 과거분사: 열린

appartamento 남성명사: 아파트

appartenere 자동사: ~에 속하다

appartiene (← appartenere의 3인칭단수)

appena 부사: 1. ~하자마자 2. 간신히
    3. 막

applausi (← applauso) 남성명사: 박수

apre (← aprire의 3인칭단수)

apri (← aprire의 2인칭단수)

apriamo (← aprire의 1인칭복수)

aprile 남성명사: 4월

aprire 타동사: 열다

aprite (← aprire의 2인칭복수)

apro (← aprire의 1인칭단수)

aprono (← aprire의 3인칭복수)

argento 남성명사: 은

arriva (← arrivare의 3인칭단수)

arrivano (← arrivare의 3인칭복수)

arrivare 자동사: (시간, 장소 등과 함께)
    ~에 도착하다

arrivato (← arrivare의 과거분사)

articolate (← articolata ← articolato) 형
    용사: 관사가 붙은

articolo 남성명사: 관사

ascensore 남성명사: 승강기

ascensori (← acensore)

ascoltare 타동사: 듣다

aspetta (← aspettare의 3인칭단수)

aspettano (← aspettare의 3인칭복수)

aspettare 타동사: 기다리다

aspettate (← aspettare의 2인칭복수)

aspetti (← aspettare의 2인칭단수)

aspettiamo (← aspettare의 1인칭복수)

aspetto^1 (← aspettare의 1인칭단수)

aspetto^2 남성명사: 모습, 형상

assegno 남성명사: 1. 수표 2. 수당

astronomo 남성명사: 천문학자

attendere 자동사: 관계하다, 상관하다

atteso (← attendere의 과거분사)

autobus 남성명사: 버스

automobile 여성명사: 자동차, 승용차

autunno 남성명사: 가을

avere 타동사: 가지다, 소유하다 avere
    bisogno di ~이 필요하다

avete (← avere의 2인칭복수)

avverbio 남성명사: 부사

baffi (← baffo) 남성명사: 콧수염

bagagliaio 남성명사: (자동차) 트렁크

baleno 남성명사: 섬광, 번갯불

ballare 자동사: 춤추다

bambina 여성명사: 여자아이

bambini (← bambino)

bambino 남성명사: 아이

banca 여성명사: 은행

bar 남성명사: 바(외래어)

barba 여성명사: 수염

barca 여성명사: 배

begli (← bello)

bei (← bel)

bel (bello)

bell' (← bello 또는 ← bella)

bella (← bello)

belle (← bella ← bello)

bellissima (← bellissimo)

bellissimo (← bello의 최상급) 형용사:

　　가장 아름다운

bello 형용사: 아름다운

bene 부사: 잘

bere 타동사 / 자동사: 마시다

bevanda 여성명사: 마실 것, 음료

bevande (← bevanda)

beve (← bere의 3인칭단수)

bevete (← bere의 2인칭복수)

bevi (← bere의 2인칭단수)

beviamo (← bere의 1인칭복수)

bevo (← bere의 1인칭단수)

bevono (← bere의 3인칭복수)

bianca (← bianco)

bianchi (← bianco)

bianco 형용사: 흰

bicchiere 남성명사: 컵

bicicletta 여성명사: 자전거

binario 남성명사: (기차) 홈

biondi (← biondo)

biondo 형용사: 금발의

birra 여성명사: 맥주

bisogno 남성명사: 필요

　　avere bisogno di ~이 필요하다

bistecca 여성명사: 비프스테이크

blu 형용사: 푸른

bocca 여성명사: 입

boccone 여성명사: 한 입의 양

boccone / i 부사: 머리를 숙이고

borsetta 여성명사: (여성) 핸드백, 작은

　　가방

braccio 남성명사: 팔

brava (← bravo)

bravo 형용사: 훌륭한

bruciare 타동사: 태우다

brutto 형용사: 나쁜

buona (← buono)

buono 형용사: 좋은, 선한

bussare 자동사: (전치사 a와 함께) 두
　　드리다

busta 여성명사: 봉투

cabina 여성명사: 작은 방

caccia 여성명사: 사냥

cadere 자동사: 떨어지다, 넘어지다

caduto (← cadere의 과거분사)

caffè 남성명사: 커피

calciare 타동사: (공을) 차다

caldo 형용사: 더운 남성명사: 더위

calore 남성명사: 열

cambiare 타동사: 바꾸다

cambiato (← cambiare의 과거분사)

camera 여성명사: 방

cameriera 여성명사: 여성종업원

cameriere 남성명사: 남성종업원

camicia 여성명사: 셔츠

cammina (← camminare의 3인칭단수)

camminare 자동사: 걷다

campagna 여성명사: 전원, 들

campana 여성명사: 종

campane (← campana)

campionato 남성명사: 챔피언, 선수권

candela 여성명사: 초

cane 남성명사: 개

cani (← cane)

cantare 타동사: 노래하다

capelli (← capello)

capello 남성명사: 머리카락

capiamo (← capire의 1인칭복수)

capire 타동사: 이해하다

capisce (← capire의 3인칭단수)

capisci (← capire의 2인칭단수)

capisco (← capire의 1인칭단수)

capiscono (← capire의 3인칭복수)

capitare 자동사: 우연히 발생하다

capite[1] (← capita ← capito)

capite[2] (← capire의 2인칭복수)

capito (← capire의 과거분사)

cappello 남성명사: 모자

cappotto 남성명사: 외투

caramella 여성명사: 캐러멜

caramelle (← caramella)

cardinale 형용사: 기수의

cardinali (← cardinale)

Carlo 고유명사: 남자이름의 하나

carrello 남성명사: 손수레

carta 여성명사: 종이, 용지

casa 여성명사: 집

caso 남성명사: 케이스

cassetta 여성명사: 카세트테이프

cassette (← cassetta)

cassetto 남성명사: 서랍

cassiera 여성명사: 여성 출납계원

Caterina 고유명사: 여자이름의 하나

causa 여성명사: 원인, 이유

causale 형용사: 원인의

cavalcare 타동사: (말을) 타다

cavalcioni 부사: 말 타는 자세로, 걸터
　　　앉아

cavallo 남성명사: 말

cena 여성명사: 저녁식사

centro 남성명사: 중심가

cerca (← cercare의 3인칭단수)

cercano (← cercare의 3인칭복수)

cercare 타동사: 1. 찾다 2. 구하다

cercate (← cercare의 2인칭복수)

cerchi (← cercare의 2인칭단수)

cerchiamo (← cercare의 1인칭복수)

cerco (← cercare의 1인칭단수)

certo 형용사: 확실한 부사: 확실히

che[1] 의문사: 무엇, che cosa 의문명사:
　　　무엇, Che fretta hai? 왜 바쁘니?

che[2] 관계사: 선행사는 사람이나 사물

chi 의문형용사: 누구

chiama (← chiamare의 3인칭단수)

chiamare 타동사: 부르다, 호출하다

chiaro 형용사: 깨끗한, 맑은

chiave 여성명사: 열쇠

chiede (← chiedere의 3인칭단수)

chiedere 타동사: 묻다, 질문하다

chiedete (← chiedere의 2인칭복수)

chiedi (← chiedere의 2인칭단수)

chiediamo (← chiedere의 1인칭복수)

chiedo (← chiedere의 1인칭단수)

chiedono (← chiedere의 3인칭복수)

chiesa 여성명사: 성당, 교회

chiesto (← chiedere의 과거분사)

chilometri (← chilometro)

chilometro 남성명사: 키로미터

chitarra 여성명사: 기타

chiudere 타동사: 닫다

chiusi (← chiuso)

chiuso (← chiudere) 형용사 / 과거분사:
　　　갇힌, 닫힌

ci[1] 간접목적대명사: 우리에게

ci[2] 직접목적 대명사: 우리를

ci[3] 재귀동사의 대명사: 우리 자신을

ci[4] 대명자동사의 대명사: 주어인 no

와 일치되지만 의미는 없음.

ci⁵ 부사: 거기에서, 여기에서

cibo 남성명사: 음식

cima 여성명사: 꼭대기

Cina 여성명사: 중국

cinema (← cinematografo의 축약형) 남
성명사: 영화관

cinque 수량형용사: 다섯

cintura 여성명사: 혁대, 안전벨트

ciondolare 자동사: 매달리다

ciondolone / i (← ciondolare) 부사: 매
달려서

città 여성명사: 도시

cittadino 남성명사: 시민

classe 여성명사: 부류, 반

classica (← classico) 형용사: 고전의, 고
전적인, 클래식

cliente 남성명사/여성명사: 손님

cogli¹ (← con + gli) 전치사관사

cogli² (← cogliere의 2인칭단수)

cogliamo (← cogliere의 1인칭복수)

coglie (← cogliere의 3인칭단수)

cogliere 타동사: 잡다, 쥐다

cogliete (← cogliere의 2인칭복수)

coi (← con + i) 전치사관사

col (← con + il) 전치사관사

colazione 여성명사: 식사 fare colazione
식사하다

colgo (← cogliere의 1인칭단수)

colgono (← cogliere의 3인칭복수)

colla¹ (← con + la) 전치사관사

colla² 여성명사: 접착제

colle¹ (← con + le) 전치사관사

colle² 남성명사: 언덕, 작은 산

collina 여성명사: 언덕, 작은 산

colline (← collina)

collo¹ (← con + lo) 전치사관사

collo² 남성명사: 목

colto (← cogliere의 과거분사)

come 의문사: 어떻게, come mai 의문
사: 왜?

cominci (← cominciare의 2인칭단수)

comincia (← cominciare의 3인칭단수)

cominciamo (← cominciare의 1인칭복수)

cominciano (← cominciare의 3인칭단수)

cominciare 타동사: 시작하다

cominciate (← cominciare의 2인칭복수)

comincio (← cominciare의 1인칭단수)

commedia 여성명사: 희극

compiti (← compito)

compito 남성명사: 1. 숙제 2. 일, 직무

compleanno 남성명사: 생일

comprare 타동사: 사다

con 전치사

concerto 남성명사: 콘서트

concorso 남성명사: 1. 경연 2. 콩쿠르

condotto (← condurre의 과거분사)

condurre 타동사: 인도하다, 안내하다

confermare 타동사: 확인하다

conoscere 타동사: 알다

conosco (← conoscere의 1인칭단수)

consigliare 타동사: 조언하다, 충고하다

consiglio1 (← consigliare의 1인칭단수)

consiglio2 남성명사: 조언, 충고

consultazione 여성명사: 1. 상담, 협의
2. 참고, 참조, 조사 camera di
consultazione 진찰실

contante 남성명사: 현금

contanti (← contante)

contenta (← contento)

contento 형용사: 만족한

conti (← conto)

conto 남성명사: 1. 이익, 계산 2. 계산서

coperto (←coprire) 형용사 / 과거분사: 덮인

coprire 타동사: 덮다

coraggioso 형용사: 용기 있는, 용감한

Corea 여성명사: 한국

coreana (← coreano)

coreane (← coreana ← coreano)

coreani (← coreano)

coreano 형용사: 한국인의 명사: 한국인

correggere 타동사: 수정하다

correre 자동사: 달리다

corso¹ (← correre) 과거분사

corso² 남성명사: 과정, 코스

cortese 형용사: 친절한

corti (← corto)

corto 형용사: 짧은, 간단한

cos'è (← cosa è 축약형)

cosa¹ 여성명사: 것

cosa² 의문사: 무엇

cose (← cosa 여성명사)

così 부사: 그렇게, 이렇게

costa¹ (← costare의 3인칭단수)

costa² 여성명사: 해안, 해안선

costare 자동사: 값이 나가다

costosa (← costoso)

costoso 형용사: 1. 값이 비싼 2. 희생
이 따르는

cotto (← cuocere) 과거분사: 요리된, 익은

credere 타동사: 1. 믿다 2. 생각하다

credo (← credere의 1인칭단수)

crescere 자동사: 성장하다

crescita 여성명사: 성장 crescita zero
　　제로 성장

cucinare 타동사: 요리하다

cuocere 타동사: 음식을 만들다, 요리
　　하다

cuore 남성명사: 심장

d' (← da 또는 di 축약형) 전치사

dà (← dare의 3인칭단수)

da 전치사: ~로부터 Da dove siete?
　　너희들은 어디 출신이니? da dove?
　　어디로부터

dagli (← da+gli) 전치사관사

dai (← da+i) 전치사관사

dal (← da+il) 전치사관사

dall' (← da+la 또는 lo) 전치사관사

dalla (← da+la) 전치사관사

dalle (← da+le) 전치사관사

dallo (← da+lo) 전치사관사

danno[1] 남성명사: 피해

danno[2] (← dare의 3인칭복수)

dare 타동사: 주다

data (← dato)

date (← dare의 2인칭복수)

dato (← dare의 과거분사)

decidere 자동사: 결정하다, 정하다

decisione 여성명사: 결정

decisioni (← decisione)

deciso (← decidere의 과거분사)

degli (← di+gli) 전치사관사 degli
　　occhiali 약간의 안경, degli ombrelli
　　약간의 우산들

dei (← di+i) 전치사관사

del (← di+il) 전치사관사 del pane 약
　　간의 빵, del vino 약간의 포도주

dell' (← di+la 또는 lo) 전치사관사

della (← di+la) 전치사관사 della frutta
　　약간의 과일

delle (← di+le) 전치사관사 delle verdure
　　약간의 채소들

dello (← di+lo) 전치사관사

denaro 남성명사: 돈

dente 남성명사: 이, 치아

denti (← dente)

deputati (← deputato)

deputato 남성명사: 하원

descrivere 타동사: 기술하다

desiderare 타동사: 바라다

determinativo 형용사: 한정적 articolo
    determinativo 정관사

determinazione 여성명사: 1. 한정 2.
    결심, 결의

detto (← dire의 과거분사)

deve (← dovere의 3인칭단수)

devi (← dovere의 2인칭단수)

devo (← dovere의 1인칭단수)

devono (← dovere의 3인칭복수)

di 전치사

diamo (← dare의 1인칭복수) 타동사: 주다

dice (← dire의 3인칭단수) 타동사: 말하다

dicembre 남성명사: 12월

dici (← dire의 2인칭단수)

diciamo (← dire의 1인칭복수)

dico (← dire의 1인칭단수)

dicono (← dire의 3인칭복수)

dieci 수량형용사: 10, 열

difficile 형용사: 어려운

difficili (← difficile)

dire 타동사: 말하다

diritto¹ (← dirigere) 형용사 / 과거분사:
    바른, 곧은 부사: 똑바로, 일직선
    으로

diritto² 남성명사: 1. 권리 2. 법규

dischi (← disco)

disco 남성명사: 디스크, 원반

distanza 여성명사: 거리

distributivo 형용사: 분배의

dite (← dire의 2인칭복수)

divano 남성명사: 소파

diventare 자동사: ~이 되다

diventati (← diventato)

diventato (← diventare의 과거분사)

divertente (← divertire) 과거분사: 즐거운

divertire 타동사: 재미나게 하다, 즐겁
    게 하다

do (← dare의 1인칭단수)

dobbiamo (← dovere의 1인칭복수)

doccia 여성명사: 샤워

documento 남성명사: 서류, 신분증

dolce 형용사: 감미로운 명사: 비스킷
    류, 단것

dolcemente 부사: 감미롭게

dollari (← dollaro)

dollaro 남성명사: 달러

dolore 남성명사: 고통

domanda 여성명사: 질문

domande (← domanda)

domani 부사 / 명사: 내일

domattina (← domani mattina 축약형)
여성명사 / 부사: 내일 아침

domenica 여성명사: 일요일

donna 여성명사: 여자

donne (← donna)

dopo 부사 / 전치사: 후에

doppia (← doppio) 형용사: 2중, 두 배

dorme (← dormire의 3인칭단수)

dormire 자동사: 자다

dormito (← dormire의 과거분사)

dottore 남성명사: 1. 의사 2. 학사

dottoressa 여성명사: 1. 여자의사 2. 여
자 학사

dov' (← dove 축약형)

dov'è (← dove è 축약형) 어디에~있다

dove 의문사: 어디에

dovere 조동사: 해야만 하다

dovete (← dovere의 2인칭복수)

due 수량형용사: 2

dunque 접속사 / 부사: 그러므로

dura (← duro)

duro 형용사: 딱딱한

e 접속사: 그리고

è (← essere의 3인칭단수)

ed (접속사 e에~d가 결합한 형태. 모

음으로 시작하는 단어가 올 때
결합한 형태로 사용)

edificio 남성명사: 건물, 건축물

educato (← educare) 형용사 / 과거분사:
1. 교육 받은 2. 교양 있는

eleggere 타동사: 선출하다

e‑mail 여성명사: 이메일

entra (← entrare의 3인칭단수)

entrare 자동사: 들어가다

entrati (← entrato)

entrato (← entrare의 과거분사)

eppure 접속사 / 부사: 그러나, 아직 까
지는

esame 남성명사: 시험

esaminare 타동사: 조사하다, 검토하다

esce (← uscire의 3인칭단수)

esci (← uscire의 2인칭단수)

esco (← uscire의 1인칭단수)

escono (← uscire의 3인칭복수)

esempi (← esempio)

esempio 남성명사: 본보기, 예

esercizi (← esercizio)

esercizio 남성명사: 연습문제들

esportare 타동사: 수출하다

essere 자동사: 이다 essere a　~에 있

다, essere di ~출신이다

estate 여성명사: 여름

euro 남성명사(불변): 유로

fa¹ (← fare의 3인칭단수)

fa² 부사: 전에

faccia 여성명사: 얼굴 doppia faccia 두
    얼굴

facciamo (← fare의 1인칭복수)

faccio (← fare의 1인칭단수)

facile 형용사: 쉬운

facilmente 부사: 쉽게

fai (← fare의 2인칭단수)

falso 형용사: 틀린

fame 여성명사: 배고픔

famiglia 여성명사: 가족

fanno (← fare의 3인칭복수)

far (← fare의 축약형)

fare 타동사: 하다, 시키다, 만들다

fate (← fare의 2인칭복수)

fatica 여성명사: 1. 노고 2. 피곤, 피로

fatto (← fare의 과거분사)

favore 남성명사: 호의 per favore 제발

febbraio 남성명사: 2월

Federico 고유명사: 남자이름의 하나

felice 형용사: 행복한

felici (← felice)

ferie (← feria) 여성명사: (복수로) 휴가

fermata 여성명사: 정거장

ferroviaria (← ferroviario)

ferroviario 형용사: 철도의

festa 여성명사: 페스따, 잔치 festa di
    compleanno 생일잔치

fiamma 여성명사: 불꽃

fiamme (← fiamma)

Fiat 여성명사: Fiat 승용차

figli (← figlio)

figlia 여성명사: 딸

figlio 남성명사: 아들, 자식

fila 여성명사: 선, 열

file (← fila)

film 남성명사: 영화

finale 형용사: 종말의, 최종의

fine 여성명사: 끝, 종말

fine – settimana 남성명사: 주말

finestra 여성명사: 창

fingere 타동사: ~하는 척 하다

finiamo (← finire의 1인칭복수)

finire 타동사: 마치다, 끝내다(목적어
    가 바로 나오거나 di 부정사구가
    나옴)

finisce (← finire의 3인칭단수)

finisci (← finire의 2인칭단수)

finisco (← finire의 1인칭단수)

finiscono (← finire의 3인칭복수)

finite[1] (← finire의 2인칭복수)

finite[2] (← finita ← finito)

finito (← finire의 과거분사)

fino (a를 동반해서) 전치사: ~까지

fiore 남성명사: 꽃

fiori (← fiore)

Firenze 여성명사: 피렌체

firmare 타동사: 서명하다

foglia 여성명사: 잎

folla 여성명사: 군중

folle[1] (← folla)

folle[2] 형용사: 1. 어리석은 2. 미친

follemente 부사: 열광적으로

fontana 여성명사: 샘, 우물

forse 부사: 어쩌면

forte 형용사: 강한, 센

fortemente 부사: 강하게

fotografiche (← fotografica ← fotografico)

fotografico 형용사: 사진의, 사진용의

fra 전치사: ~와 사이, 후에

Franco 고유명사: 남자이름의 하나

frase 여성명사: 문장

fratelli (← fratello)

fratello 남성명사: 형, (남)동생

fredda (← freddo)

freddo 형용사: 추운, 남성명사: 추위

fretta 여성명사: 서두름 avere fretta 서
두르다, 바쁘다

frutta 여성명사: 과일

frutti (← frutto)

frutto 남성명사: 과일, 열매

fumare 자동사 / 타동사: 담배 피우다

fumo[1] (← fumare의 1인칭단수) 타동
사: 흡연하다

fumo[2] 남성명사: 연기

fuoco 남성명사: 불

fuori 부사: 밖, 밖에

furgone 남성명사: 화물차

Gabriella 고유명사: 여자이름의 하나

gamba 여성명사: 다리

gambe (← gamba)

gatti (← gatto)

gatto 남성명사: 고양이

genere 남성명사: 1. 성 2. 장르

genitore 남성명사: (주로 복수로) 부모

genitori (← genitore)

gennaio 남성명사: 1월

gente 여성명사(집합): 사람들

gentile 형용사: 친절한

ghiaccio 남성명사: 얼음

già 부사: 1. 이미, 벌써 2. 예(sì)

giacca 여성명사: 자켓 giacca a vento
    땀복

gialla (← giallo)

giallo 형용사: 노란

Gianni 고유명사: 남자이름의 하나

giardino 남성명사: 정원

ginnastica 여성명사: 체조

ginocchio 남성명사: 무릎

ginocchione / i (← ginocchio) 부사: 무
    릎으로, 무릎을 꿇고

giocare 자동사: 1. 게임하다 2. 놀다

giocatore 남성명사: 선수

giocatori (← giocatore)

giocattoli (← giocattolo)

giocattolo 남성명사: 장난감

gioia 여성명사: 기쁨

Giorgio 고유명사: 남자이름의 하나

giornale 남성명사: 신문

giornali (← giornale)

giorni (← giorno)

giorno 남성명사: 日(일)

giovane 형용사: 젊은 남성 / 여성명사:
    젊은이

Giovanna 고유명사: 여자이름의 하나

giovanni (← giovanne)

giovanotti (← giovanotto)

giovanotto 남성명사: 젊은이

giovedì 남성명사: 목요일

girare 타동사: 돌리다, 회전하다

gita 여성명사: 산보, 짧은 여행

giù 부사: 아래

giugno 남성명사: 6월

Giuseppe 고유명사: 남자이름의 하나

giusto 형용사: 바른

gli (← lo) 남성정관사

gnocco 남성명사(주로 복수 gnocchi): 경단

golf 남성명사: 긴 소매의 털실 재킷

gonna 여성명사: 치마

gonne (← gonna)

governo 남성명사: 정부

grammaticale 형용사: 문법의

gran (← grande)

grande 형용사: 큰, 위대한

grandi (← grande)

grasso 형용사: 살찐

grazia 여성명사: 1. 은혜, 은총 2. (복수로) 감사합니다

grazie (← grazia)

grazioso 형용사: 우아한

gruppo 남성명사: 그룹

guarda (← guardare의 3인칭단수)

guardano (← guardare의 3인칭복수)

guardare 타동사: ~ 쳐다보다

guardate (← guardare의 2인칭복수)

guardi (← guardare의 2인칭단수)

guardiamo (← guardare의 1인칭복수)

guardo (← guardare의 1인칭단수)

guarire 타동사: 치료하다

guidare 자동사: 1. 운전하다 2. 가이드하다

ha (← avere의 3인칭단수)

hai (← avere의 2인칭단수)

hanno (← avere의 3인칭복수)

ho (← avere의 1인칭단수)

i (← il) 남성정관사

idea 여성명사: 아이디어, 생각

idee (← idea)

ieri 부사 / 명사: 어제

il 남성정관사

illegale 형용사: 불법의, 불법적인

imbarazzare 타동사 1. 당황하게 하다 2. 괴롭히다

imbarazzata (← imbarazzato)

imbarazzato (← imbarazzare) 형용사 / 과거분사: 당황되는, 혼란한

immagine 여성명사: 상, 영상

impaccare 타동사: 싸다, 포장하다

imparare 타동사: 배우다

impazzire 자동사: 미치다

impossibile 형용사: 불가능한

improbabile 형용사:

in 전치사: ~에(장소)

incontrare 타동사: 만나다

indeterminativo 형용사: 부정의

indicare 타동사: 지시하다

infatti 접속사 / 부사: 사실, 실제로

infelice 형용사: 불행한

influenza 여성명사: 1. 유행성 감기 2. 영향(력)

informazione 여성명사: 정보

ingrassare 타동사: 살찌게 하다

innaturale 형용사: 자연스럽지 않은

interesse 남성명사: 1. 관심 2. 이자

interrogativa (← interrogativo)

interrogativo 형용사: 의문의 명사: 의문

intorno 부사: 주위에

inutile 형용사: 유효하지 못한

invecchiare 자동사: 늙다, 나이가 들다

invecchiato (← invecchiare의 과거분사)

invece (전치사 di와 결합하여 주로 사용) 전치사

invece 접속사: 대신에

inverno 남성명사: 겨울

invitare 타동사: 1. 초대하다 2. 야기하다

invito (← invitare의 1인칭단수)

invito 남성명사: 1. 초대 2. 초대장

io 인칭대명사: 나

istante 남성명사: 순간, 찰나

Italia 여성명사: 이탈리아

italiano 남성형용사 / 명사: 이탈리아어(의), 이탈리아 사람

l' 남성정관사 lo 또는 여성정관사 la의 축약형

là 부사: 그곳에

la 여성정관사

ladro 남성명사: 도둑

largamente 부사: 넓게

largo 형용사: 넓은

latte 남성명사: 우유

Laura 고유명사: 여자이름의 하나

lavare 타동사: 씻다

lavato (← lavare의 과거분사)

lavorare 자동사: 일하다

lavorato (← lavorare의 과거분사)

lavoro 남성명사: 일, 직업

le[1] (← la) 여성정관사

Le[2] 직접목적대명사: 당신에게

legge[1] (← leggere의 3인칭단수)

legge[2] 여성명사: 법

leggera (← leggero)

leggere 자동사 / 타동사: 읽다

leggermente 부사: 가볍게

leggero 형용사: 가벼운

leggete (← leggere의 2인칭복수)

leggi[1] (← leggere의 2인칭단수)

leggi[2] (← legge의 복수)

leggiamo (← leggere의 1인칭복수)

leggo (← leggere의 1인칭단수)

leggono (← leggere의 3인칭복수)

Lei[1] 인칭대명사: '너'의 높임말, 당신

lei[2] 인칭대명사: 그녀

lento 형용사: 느린, 더딘

lettera 여성명사: 편지

letto[1] 남성명사: 침대 andare a letto

자러가다

letto² (← leggere의 과거분사)

lezione 여성명사: 수업

lì 부사: 그곳에

libero 형용사: 자유로운

libreria 여성명사: 서점

libri (← libro) 남성명사: 책

libro 남성명사: 책

Linda 고유명사: 여성 이름의 하나

linea 여성명사: 선

lingua 여성명사: 언어, 혀

lingue (← lingua) 여성명사: 언어

lisci (← liscio)

liscio 형용사: 매끈한

litigare 자동사: 말다툼하다

Lo Conte 고유명사: 성의 하나

lo¹ 남성정관사

lo² 직접목적대명사: 그를, 그것을

lo³ 중성대명사: 그것을(이전문장을 받거나, 이후문장을 받음).

locale 형용사: 장소의, 지방의 명사: 장소

lontano 형용사: 먼 부사: 멀리

Loro¹ 인칭대명사: 당신들

loro² 인칭대명사: 그들

loro³ 소유형용사: 그들의

loro⁴ 직접목적대명사: 그들을

loro⁵ 간접목적대명사: 그들에게

Lucio 고유명사: 남자이름의 하나

luglio 남성명사: 7월

lui 인칭대명사: 그

Luigi 고유명사: 남자이름의 하나

luna 여성명사: 달

lunedì 남성명사: 월요일

luogo 남성명사: 장소

ma 접속사: 1. 그러나 2. 그런데

macchina 여성명사: 자동차, 기계

madre 여성명사: 어머니

maggio 남성명사: 5월

maglietta 여성명사: 메리야스, 속옷

mah 감탄사: 글쎄

mai 부사: 결코 non ~mai 결코 ~않다

mal (← male 부사 / 명사의 축약형)

male 부사: 나쁘게 명사: 고통, 병

maleducato 형용사: 교양이 없는

maltempo 나쁜 날씨

mamma 여성명사: 엄마

manca (← mancare의 3인칭단수)

mancare 자동사 1. ~에게 ~가 부족하다 2. 보고 싶다

mancia 여성명사: 팁, 사례금

mandare 타동사: 보내다, 파견하다

mandato (← mandare의 과거분사)

mangi (← mangiare의 2인칭단수)

mangia (← mangiare의 3인칭단수)

mangiamo (← mangiare의 1인칭복수)

mangiano (← mangiare의 3인칭복수)

mangiare 타동사 / 자동사: 먹다

mangiate (← mangiare의 2인칭복수)

mangiato (← mangiare의 과거분사)

mangio (← mangiare의 1인칭단수)

mani (← mano)

maniera 여성명사: 방법, 방식

mano 여성명사: 손

marciare 자동사: 행군하다, 행진하다

Marco 고유명사: 남자이름의 하나

mare 남성명사: 바다 al mare 바닷가에

Maria 고유명사: 여자이름의 하나

Marianne 고유명사: 프랑스 여자이름
의 하나

Mario 고유명사: 남자이름의 하나

Marta 고유명사: 여자이름의 하나

martedì 남성명사: 화요일

Martini 고유명사: 성의 하나

marzo 남성명사: 3월

matita 여성명사: 연필

matrimonio 남성명사: 결혼식

mattina 여성명사: 아침

me[1] 이접대명사: 나를 뜻하는 대명사.
전치사와 함께 사용 con me 나와
함께, da me 나한테/나에 의해서

me[2] 직접목적대명사: 나를

medicina 여성명사: 의약

medico 남성명사: 의사

meglio 형용사: 더 나은(buono의 비교급)

mela 여성명사: 사과

meno 형용사: 덜

mensa 여성명사: 학교식당

mentre 접속사: 동안에

merce 여성명사: 물품

mercoledì 남성명사: 수요일

mese 남성명사: 달, 월(月)

mesi (← mese) 명사: 달, 월(月)

messaggio 남성명사: 메시지

messo (← mettere의 과거분사)

metropolitana 여성명사: 지하철

mette (← mettere의 3인칭단수)

mettere 타동사: 놓다

mezza (← mezzo)

mezzanotte 여성명사: 자정, 밤 12시

mezzo 형용사: (절)반, 30분

mezzogiorno 남성명사: 정오, 낮 12시

mi¹ 직접목적대명사: 나를

mi² 간접목적대명사: 나에게

mi³ 재귀동사의 대명사: 나 자신을

mi⁴ 대명자동사의 대명사: 주어인 io와
　　　일치되지만 의미는 없음.

mia (← mio)

mica 부사: non과 함께 '전혀 ~않다'

mie (← mia ← mio)

miei (← mio)

Mina 고유명사: 여자이름의 하나

ministro 남성명사: 장관

minuti (← minuto)

minuto 남성명사: 분

mio 형용사: 나의

mobile 형용사: 1. 움직일 수 있는 2.
　　　변할 수 있는

moderno 형용사: 현대의, 근대의

modo 남성명사: 1. 수단, 방법 2. 법
　　　(문법) 3. 양상

molle 형용사: 유연한, 매끄러운

molta (← molto) 형용사

molte (← molta ← molto) 형용사

molti (← molto) 형용사

molto1 부사: 많이

molto2 형용사: 많은

momenti (← momento)

momento 남성명사: 1. 순간 2. 시기

mondo 남성명사: 세상

monetario 형용사: 화폐의

monolocale 남성명사: 원룸

montagna 여성명사: 산

moriamo (← morire의 1인칭복수)

morire 자동사: 죽다

morite (← morire의 2인칭복수)

morto (← morire의 과거분사)

mosso (← muovere의 과거분사)

moto 남성명사: 움직임, 운동

motore 남성명사: 모터

movete (← muovere의 2인칭복수)

moviamo (← muovere의 1인칭복수)

movimento 남성명사: 움직임

muoio (← morire의 1인칭단수)

muoiono (← morire의 3인칭복수)

muore (← morire의 3인칭단수)

muori (← morire의 2인칭단수)

muove (← muovere의 3인칭단수)

muovere 타동사 / 자동사: 움직이다

muovi (← muovere의 2인칭단수)

muovo (← muovere의 1인칭단수)

muovono (← muovere의 3인칭복수)

museo 남성명사: 박물관

musica 여성명사: 음악

n. (← numero) 남성명사: 수, (집)번지

nascere 자동사: 태어나다

nascondere 타동사: 숨기다

naso 남성명사: 코 naso chiuso 코가
　　막힌

nato (← nascere의 과거분사)

naturale 형용사: 1. 자연적인 2. 타고난

navigare 자동사: 항해하다

ne 부분대명사: ~중에서, ~에 대해서

né 접속사: 보통 né~né 형태로 '~도
　　~도 않다'

necessario 형용사: 필요한

negazione 여성명사: 부정

negli (← in + gli) 전치사관사

negoziante 남성명사: 상인

negozio 남성명사: 가게

nei (← in + i) 전치사관사

nel (← in + il) 전치사관사

nell' (← in + la 또는 lo) 전치사관사

nella (← in + la) 전치사관사

nelle (← in + le) 전치사관사

nello (← in + lo) 전치사관사

neri (← nero)

nero 형용사: 검은 un gatto nero 검은
　　고양이

nervoso 형용사: 신경질적인, 예민한

nessuno 형용사: (부정적인 의미로) 어떤

neve 여성명사: 눈

New York 남성명사: 미국의 북동부의 주

niente 부정대명사: 아무 것 avere niente
　　da fare 할 것이 없다

no 부사: 아니

noi 인칭대명사: 우리

noioso 형용사: 지겨운

noleggiare 타동사: 임대하다, 빌리다

nome 남성명사: 1. 이름 2. 명사

non 부사: 안, 않~

normale 형용사: 일반적인

normali (← normale)

nostra (← nostro)

nostri (← nostro)

nostro 소유형용사: 우리의

notte 여성명사: 밤

nove 수량형용사: 9, 아홉

novembre 남성명사: 11월

nulla 부정명사: 아무 것

numerale 형용사: 수의

numerali (← numerale)

numeri (← numero)

numero 남성명사: 수

nuotare 자동사: 수영하다

nuotato (← nuotare의 과거분사)

nuova (← nuovo)

nuove (← nuova ← nuovo)

nuovo 형용사: 새로운

nuvola 여성명사: 구름

o 접속사: 또는

occhi (← occhio)

occhiale 남성명사: (일반적으로 복수로
　　쓰임) 안경 occhiali da sole 선글
　　라스

occhiali (← occhiale)

occhio 남성명사: 눈

odorare 자동사: 냄새가 나다

offerto (← offrire의 과거분사)

offrire 타동사: ~에게 ~를 제공하다

oggi 부사 / 명사: 오늘

ogni 부사: ~마다, 각각

ombrelli (← ombrello)

ombrello 남성명사: 우산

ora^1 명사: 시, 시간

ora^2 부사: 지금

orario 남성명사: 스케줄, 시간표 in orario
　　시간표대로

ordinale 형용사: 서수

ordinali (← ordinale)

ordinare 자동사: 주문하다, 명령하다

ore (← ora)

orfano 남성명사: 고아

origine 여성명사: 기원

ormai 부사: 지금

oro 남성명사: 금

orologio 남성명사: 시계

ottimi (← ottimo)

ottimo 형용사: (buono의 최상급) 최상의

otto 수량형용사 8

ottobre 남성명사: 10월

pace 여성명사: 평화

padre 남성명사: 아버지

padri (← padre)

paese 남성명사: 국가

paga (← pagare의 3인칭단수)

pagano (← pagare의 3인칭복수)

pagare 타동사 / 자동사: 지불하다

pagate (← pagare의 2인칭복수)

paghi (← pagare의 2인칭단수)

paghiamo (← pagare의 1인칭복수)

pago (← pagare의 1인칭단수)

pala 여성명사: 삽, 가래

palla 여성명사: 공

panchina 여성명사: 작은 벤치

pane 남성명사: 빵

pantaloni 남성명사: (복수) 바지

Paolo 고유명사: 남자이름의 하나

parcheggiare 타동사: 주차하다

parcheggio 남성명사: 주차장

pari 형용사: 동등한, 비슷한

parimente/i 부사: 같이, 동시에

parla (← parlare의 3인칭단수)

parlano (← parlare의 3인칭복수)

parlare 자동사: 말하다(언어가 목적어
　　로 나올 수 있음. Io parlo italiano /
　　coreano.)

parlate (← parlare의 2인칭복수)

parli (← parlare의 2인칭단수)

parliamo (← parlare의 1인칭복수)

parlo (← parlare의 1인칭단수)

parola 여성명사: 단어

parole (← parola)

parte[1] (← partire의 3인칭단수)

parte[2] 여성명사: 부분

parti[1] (← parte)

parti[2] (← partire의 2인칭단수)

partiamo (← partire의 1인칭복수)

particolare 형용사: 특별한

particolarmente 부사: 특별히

partire 자동사: 떠나다

partita 여성명사: 시합 una partita di
　　calcio 축구시합

partite[1] (← partita 여성명사의 복수)

partite[2] (← partire의 2인칭복수)

partite[3] (← partita ← partito)

partiti (← partito)

partitivo 형용사: 부분의 남성명사: 과
　　거분사

partito (← partire의 과거분사)

parto (← partire의 1인칭단수)

partono (← partire의 3인칭복수)

passaggio 남성명사: 1. 통행 2. 여행

passare 자동사: 통행하다, 지나가다

passato[1] (← passare의 과거분사)

passato[2] 남성명사: 과거

passeggiare 자동사: 산보하다

passo[1] 남성명사: 걸음

passo[2] (← passare의 1인칭단수)

Paul 고유명사: 영어 남자이름의 하나

pavimento 남성명사: 마루

peggio 부사: 더 나쁘게(male의 비교급)

pegli (← per + gli) 전치사관사

pei (← per + i) 전치사관사

pella (← per + la) 전치사관사

pelle¹ 여성명사: 피부

pelle² (← per + le) 전치사관사

pello (← per + lo) 전치사관사

penna 여성명사: 1. 펜 2. 깃털

penne (← penna)

pensano (← pensare의 3인칭복수)

pensare 타동사: 생각하다

penzolare 자동사: 매달리다, 늘어뜨리다

penzolone / i 부사: 늘어뜨리고

per 전치사

pera 여성명사: 배

perché 의문사: 왜?

perdere 타동사: 1. 잃다 2. 놓치다

perduto (← perdere의 과거분사)

periferia 여성명사: 외곽 / 주변

periodo 남성명사: 기간

permesso¹ 명사: 허락

permesso² (← permettere의 과거분사)

permettere 타동사: 허락하다

perso (← perdere의 과거분사)

persona 여성명사: 사람

persone(← persona)

pertanto 접속사: 그러므로, 그렇기 때
문에

pesante 형용사: 무거운

pesci (← pesce) 남성명사: 물고기

piacere 자동사: 마음에 들다

piangere 자동사: 울다

piano¹ 남성명사: 층

piano² 부사: 천천히

pianoforte 남성명사: 피아노

pianta 여성명사: 식물

piatto 남성명사: 접시

piccola (← piccolo)

piccole (← piccola ← piccolo)

piccolo 형용사: 작은

piede 남성명사: 발, 피트

piedi (← piede)

piena (← pieno)

pieno 형용사: 가득찬

Pietro 고유명사: 남자이름의 하나

pigre (← pigra ← pigro)

pigro 형용사: 게으른

Pina 고유명사: 여자이름의 하나

pioggia 여성명사: 비

piove (← piovere의 3인칭단수)

piovere 자동사: 비가 내리다

pipa 여성명사: 파이프(담배)

piscina 여성명사: 수영장

più 부사: 더

pizzeria 여성명사: 피자집

pneumatico 남성명사: 타이어

po' (← poco의 축약형)

poco 부사: 약간

poi 부사: 후에, 뒤에

politica 여성명사: 정치

polizia 여성명사: 1. 경찰서 2. 경찰, 경
　　찰관

poltrone 남성명사: 게으름뱅이

pomeriggio 남성명사: 오후

pone (← porre의 3인칭단수)

ponete (← porre의 2인칭복수)

pongo (← porre의 1인칭단수)

pongono (← porre의 3인칭복수)

poni (← porre의 2인칭단수)

poniamo (← porre의 1인칭복수)

porre 타동사: 놓다

porta 여성명사: 문

portano (← portare의 3인칭복수)

portare 타동사: 운반하다, 가져가다, 가

져오다

porto^1 (← portare의 1인칭단수)

porto^2 남성명사: 항구

possiamo (← potere의 1인칭복수) 조동
　　사: 할 수 있다

possibile 형용사: 가능한

posso (← potere의 1인칭단수) 조동사:
　　할 수 있다

possono (← potere의 3인칭복수) 조동
　　사: 할 수 있다

posto 남성명사: 1. 자리 2. 장소

potere 조동사: 할 수 있다

potete (← potere의 2인칭복수) 조동사:
　　할 수 있다

potuta (← potuto)

potuto (← potere의 과거분사)

povero 형용사: 가난한

preferiamo (← preferire의 1인칭복수)

preferire 타동사: ~을 더 좋아하다

preferisce (← preferire의 3인칭단수)

preferisco (← preferire의 1인칭단수)

preferiscono (← preferire의 3인칭복수)

preferite (← preferire의 2인칭복수)

prende (← prendere의 3인칭단수)

prendere 타동사: 먹다, 마시다, 타다

가지다

prendete (← prendere의 2인칭복수)

prendi (← prendere의 2인칭단수)

prendiamo (← prendere의 1인칭복수)

prendo (← prendere의 1인칭단수)

prendono (← prendere의 3인칭복수)

prenotazione 여성명사: 예약

preparare 타동사: 준비하다

preposizione 여성명사: 전치사

preposizioni (← preposizione)

presidente 남성명사: 대통령, 회장

preso (← prendere의 과거분사)

presso 부사: 가까이, 근처에 전치사:
옆의, 근처의

presto 부사: 빨리

prima (← primo) 수량형용사: 첫 번째

prima 부사: 이전에

primavera 여성명사: 봄

primo 수량형용사: 첫 번째

probabile 형용사: 있음직한, 개연적인

probabilmente 부사: 아마도

problema 남성명사: 문제

problemi (← problema)

prodotti (← prodotto)

prodotto 남성명사: 상품, 제품

professore 남성명사: 교수

professoressa 여성명사: 여자교수

profumo 남성명사: 1. 향 2. 향수

promesso (← promettere의 과거분사) I
promessi sposi 약혼자들

promettere 타동사: 약속하다

pronto 형용사: 준비된

proprio 부사: 바로

prossima (← prossimo)

prossimo 형용사: 다음(의)

provenienza 여성명사: 유래, 기원

psicologi (← psicologo)

psicologo 남성명사: 심리학자

puliamo (← pulire의 1인칭복수)

pulire 타동사: 청소하다

pulisce (← pulire의 3인칭단수)

pulisci (← pulire의 2인칭단수)

pulisco (← pulire의 1인칭단수)

puliscono (← pulire의 3인칭복수)

pulita (← pulito)

pulite (← pulire의 2인칭복수)

pulito (← pulire의 과거분사)

pullover 남성명사: 풀오버(머리부터 뒤
집어써 입는 스웨터 등)

punta 여성명사: 끝, 말단

può (← potere의 3인칭단수)

puoi (← potere의 2인칭단수)

qua 부사: 여기

quaderno 남성명사: 노트

quadrato 형용사: 정사각형의 s마성명
　　　사: 1. 정방형 2. 제곱(의 수)

qual 의문사: 어떤(뒤에 è가 올 때 quale
　　　의 e가 탈락됨)

qualche 형용사: 몇몇의 qualche minuto
　　　몇 분

qualcosa 부정대명사: 어떤 것

qualcuno 부정대명사: 누군가

quale[1] 의문사: 어떤

quale[2] 관계사: 주격 서술적 용법으로
　　　앞에 관사함께 사용. 선행사는
　　　사람이나 사물.

quali (← quale의 의문사형)

quando 의문사: 언제

quanta (← quanto)

quante (← quanta ← quanto)

quanti (← quanto)

quanto 의문사: 얼마나(양을 나타낼 때
　　　는 단수, 수를 나타날 때는 복수)

quarto 수량형용사: 제 4의

quasi 부사: 거의

quattro 수량형용사: 사, 4

quegli (← quello) 지시형용사

quei (← quel ← quello) 지시형용사

quel (← quello) 지시형용사

quell' (← quello) 지시형용사 / 지시대
　　　명사

quella (← quello) 지시형용사 / 지시대
　　　명사

quelle (← quella ← quello) 지시형용사 /
　　　지시대명사

quelli (← quello) 지시대명사

quello 지시형용사: 저, 지시대명사: 저것

quest' (← questo) 지시형용사 / 지시대
　　　명사

questa (← questo) 지시형용사 / 지시대
　　　명사

queste (← questa ← questo) 지시형용
　　　사 / 지시대명사

questi (← questo) 지시형용사 / 지시대
　　　명사

questo 지시형용사: 이, 지시대명사: 이것

qui 부사: 여기

quindi 부사: 그리고 나서 접속사: 그
　　　러므로, 그래서

quindici 수량형용사: 십오, 15

raccoglie (← raccogliere의 3인칭단수)

raccogliere 타동사: 1. 모으다 2. 수확
하다

ragazza 여성명사: 소녀

ragazze (← ragazza) 여성명사: 소녀,
여자친구

ragazzi (← ragazzo) 남성명사: 소년,
남자친구

ragazzo 남성명사: 소년

ragione 여성명사: 이성, 이유

ragioni (← ragione)

ranocchio 남성명사: 개구리

rapidamente 부사: 빠르게

rapido 형용사: 1. 재빠른, 민첩한 2.
빠른, 신속한

raramente 부사: 드물게

raro 형용사: 드문

realtà 여성명사: 실제, 현실

regali (← regalo)

regalo 남성명사: 선물

registratore 남성명사: 녹음기

regola 여성명사: 규칙

regole (← regola)

relazione 여성명사: 1. 관계 2. 리포트

rendere 1. 되돌려주다 2. 시키다

Renzo 고유명사: 남자이름의 하나

reso (← rendere의 과거분사)

restare 자동사: 남아있다

restato (← restare의 과거분사)

ricco 형용사: 부유한

ricevere 타동사: 받다

ricevuto (← ricevere의 과거분사)

ridere 자동사: 웃다

ridicolmente 부사: 우스꽝스럽게, 이상
한 방식으로

ridicolo 형용사: 우스운

ridotto (← ridurre의 과거분사)

ridurre 타동사: 1. 줄이다, 감소시키다
2. 바꾸다

rientrare 자동사: 다시 들어가다

riflettere 자동사: 재고하다, 반성하다
타동사: 반사하다

rimane (← rimanere의 3인칭단수)

rimanere 자동사: 남아있다

rimanete (← rimanere의 2인칭복수)

rimango (← rimanere의 1인칭단수)

rimangono (← rimanere의 3인칭복수)

rimani (← rimanere의 2인칭단수)

rimaniamo (← rimanere의 1인칭복수)

rimasto (← rimanere의 과거분사)

ringraziare 타동사: 감사하다, 감사를
    표하다

ripetere 타동사: 반복하다

riposare 자동사: 쉬다

riposato (← riposare의 과거분사)

riposo 남성명사: 휴식

riso[1] (← ridere의 과거분사)

riso[2] 남성명사: 쌀

risolto (← risolvere의 과거분사)

risolvere 타동사: 풀다, 해결하다

rispettare 타동사: 1. 존경하다, 존중하
    다 2. 준수하다

rispondere 타동사 / 자동사: 답하다

risposto (← rispondere의 과거분사)

ristorante 남성명사: 레스토랑

ritardare 타동사: 지연시키다

ritardo 남성명사: 지체, 지연

ritornare 자동사: 다시 돌아가다

riva 여성명사: 뚝, 제방

robusta (← robusto)

robusto 형용사: 건장한, 튼튼한, 강인한

Roma 여성명사: 로마

rosa 여성명사: 장미

Rosanna 고유명사: 여자이름의 하나

rose (← rosa)

rossa (← rosso)

rossi (← rosso)

rosso 형용사: 빨간

rumore 남성명사: 소리, 잡음

ruota 여성명사: 차, 바퀴

ruote (← ruota)

ruzzolare 타동사: 굴리다, 회전시키다

ruzzoloni (← ruzzolare) 부사: 빙빙 돌
    면서

sa (← sapere의 3인칭단수)

sabato 남성명사: 토요일

sacchetto 남성명사: 작은 주머니

sacco 남성명사: 자루, 주머니

sai (← sapere의 2인칭단수)

sala 여성명사: 방

sale[1] (← salire의 3인칭단수)

sale[2] 남성명사: 소금

salgo (← salire의 1인칭단수)

salgono (← salire의 3인칭복수)

sali (← salire의 2인칭단수)

saliamo (← salire의 1인칭복수)

salire 타동사 / 자동사: 오르다

salite (← salire의 2인칭복수)

saltano (← saltare의 3인칭복수)

saltare 자동사: 뛰다

salutare 타동사: 인사하다

sana (← sano)

sanno (← sapere의 3인칭복수)

sano 형용사: 건강한

santa (← santo)

santo 형용사: 1. 성스러운 2. 성(聖)

sapere 타동사: 알다 / 할 줄 알다

sapete (← sapere의 2인칭복수)

sappiamo (← sapere의 1인칭복수)

sbagliare 자동사 / 타동사: 실수하다

sbagliate (← sbagliare의 2인칭복수)

sbagliate (← sbagliata←sbagliato)

sbagliato (← sbagliare) 형용사 / 과거분
　　사 틀린

scaffale 남성명사: 선반, 책장

scala 여성명사: 계단, 사다리 scala mobile
　　에스컬레이터

scale (← scala)

scarpa 여성명사: (주로 복수로 사용)
　　신발

scarpe (← scarpa)

scegli (← scegliere의 2인칭단수)

scegliamo (← scegliere의 1인칭복수)

sceglie (← scegliere의 3인칭단수)

scegliere 타동사: 선택하다

scegliete (← scegliere의 2인칭복수)

scelgo (← scegliere의 1인칭단수)

scelgono (← scegliere의 3인칭복수)

scelta 여성명사: 선택

scendere 자동사 / 타동사: 내려가다

scendono (← scendere의 3인칭복수)

sceso (← scendere의 과거분사)

scienziati (← scienziato)

scienziato 남성명사: 과학자

sciopero 남성명사: 파업

sconsolante 형용사: 의기소침한, 낙담한

scopo 남성명사: 목적, 목표

scoprire 타동사: 발견하다

scorsa (← scorso)

scorso 형용사: 지난

scortese 형용사: 불친절한

scrittore 남성명사: 작가

scrivania 여성명사: 1. 책상 2. (컴퓨터)
　　바탕화면

scrivere 자동사 / 타동사: 쓰다

scrivo (← scrivere의 1인칭단수)

scuola 여성명사: 학교

scuro 형용사: 어두운

scusa[1] (← scusare의 3인칭 단수)

scusa[2] 여성명사: 용서, 사죄

scusare 타동사: 용서하다, 변명하다

se 접속사: 만약에

seconda (← secondo) 수량형용사: (서수) 제 2의, 두 번째

secondo 형용사: 두 번째 secondo piano 3층(참고 terra 1층, primo piano 2층)

sedere 자동사: 앉다

seduto (← sedere) 형용사 / 과거분사: 앉 아있는

segno 남성명사: 기호

seguire 타동사: 1. 뒤쫓다 2. (코스를) 밟다

sei¹ (← essere의 2인칭단수)

sei² 수량형용사: 여섯, 6

sella 여성명사: 안장

sembrare 자동사: ~처럼 보이다

semplice 형용사: 단순한, 간단한

semplicemente 부사: 간단히

sempre 부사: 항상

sentire 타동사: 듣다

senza 전치사: ~이 없이

sera 여성명사: 저녁

Sergio 고유명사: 남성 이름의 하나

serva 여성명사: 여성노예, 여하인 fare

la serva 하인노릇하다

servo 남성명사: 노예

sesta (← sesto) 수량형용사: (기수) 제 6의, 여섯 번째

sete 여성명사: 목마름, 갈증

sette 수량형용사: 일곱, 7 le sette e mezzo 7시 반

settembre 남성명사: 9월

settimana 여성명사: 주

Seul 고유명사: 서울

sì 부사: 예 dire di sì 예라고 답하다

si¹ 비인칭 주어: 사람들

si² 재귀동사의 대명사: 그 / 그녀 자신 을, 그들 자신을

si³ 상호재귀동사의 대명사: 서로서로

si⁴ 대명자동사의 대명사: 3인칭 주어 와 일치하지만 의미 없음.

siamo (← essere의 1인칭복수)

sicuramente 부사: 확실하게

sicuro 형용사: 확실한 부사:확실히

siete (← essere의 2인칭복수)

sigaretta 여성명사: 담배

sigarette (← sigaretta)

significare 타동사: 의미하다

signor (← 남성명사 signore의 단수) 남

성명사: 아저씨, ~씨

signora 여성명사: 아주머니, ~씨

signori (← signore) 남성명사: ~씨들

signorina 여성명사: 아가씨

Silvia 고유명사: 여자 이름의 하나

smontare 자동사: 하차하다, (말에서)
　　내리다

snella (← snello)

snello 형용사: 날씬한

so (← sapere의 1인칭단수)

sognare 자동사: 꿈꾸다

soldati (← soldato)

soldato 남성명사: 군인

soldi (← soldo)

soldo 남성명사: (주로 복수로) 돈

sole 남성명사: 태양

solito 형용사: 보통의, 평상의 di solito
　　보통

solo 형용사: 혼자의, 단독의

sono (← essere의 1인칭단수 또는 3인
　　칭복수)

sopra 전치사 / 부사: 위

sorella 여성명사: (여)동생, 누나, 언니

sorelle (← sorella)

sorridere 자동사: 웃다

sotto 형용사 / 부사: 아래

spalla 여성명사: (주로 복수) 어깨

spalle (← spalla)

specchio 남성명사: 거울

specificazione 여성명사: 명기, 산술

spendere 타동사: (돈을) 쓰다

speranza 여성명사: 희망 che speranza
　　어떤 희망

speso (← spendere의 과거분사)

spesso 부사: 종종

spettatore 남성명사: 관객, 목격자

spettatori (← spettatore)

spiaggia 여성명사: 해변

spingere 타동사: 밀다

sporca (← sporco)

sporco 형용사: 더러운, 지저분한

sport 남성명사: 스포츠, 운동(외래어)

sportello 남성명사: 작은 문, (은행 따
　　위의) 창구

sposo 남성명사: 신랑

sta (← stare의 3인칭단수)

stagione 여성명사: 계절

stai (← stare의 2인칭단수)

stanca (← stanco)

stanchi (← stanco)

stanco 형용사: 피곤한

stanno (← stare의 3인칭복수)

stanotte (← 'sta notte ← questa notte)
오늘밤

stare 자동사: 있다

stasera (← 'sta sera ← questa sera) 오
늘저녁

state (← stare의 2인칭복수)

stati (← stato)

stato¹ (← stare의 과거분사)

stato² 남성명사: 국가 Stati Uniti 미합
중국

stazione 여성명사: 역

Stefania 고유명사: 여자이름의 하나

Stefano 고유명사: 남자이름의 하나

stella 여성명사: 별

stesso 형용사: 같은, 동일한

stiamo (← stare의 1인칭복수)

stivali (←stivalo)

stivalo 남성명사: (주로 복수) 장화

sto (← stare의 1인칭단수) 자동사: 있다

strada 여성명사: 길

strade (← strada)

stretto (← stringere) 형용사 / 과거분사:
좁은, 꽉 죈

stringere 타동사: 단단히 죄다, 꽉 죄
다, 꽉 쥐다

studente 남성명사: 학생

studentessa 여성명사: 여학생

studentesse (← studentessa)

studenti (← studente)

studi (← studiare의 2인칭단수)

studia (← studiare의 3인칭단수)

studiamo (← studiare의 1인칭복수)

studiano (← studiare의 3인칭복수)

studiare 타동사 / 자동사: 공부하다, 연
구하다

studiate (← studiare의 2인칭복수)

studio 남성명사: 1. 공부 2. 연구

stupido 형용사: 어리석은

su 전치사: 위에

sua (← suo)

subdolamente 부사: 음흉하게, 위선적
으로

subdolo 형용사: 거짓되게 행동하는, 속
이는

subito 부사: 즉시

succedere 자동사: 발생하다

successo (← succedere의 과거분사)

sue (← sua ← suo)

sugli (← su + gli) 전치사관사

sui (← su + i) 전치사관사

sul (← su + il) 전치사관사

sulla (← su + la) 전치사관사

sulle (← su + le) 전치사관사

sullo (← su + lo) 전치사관사

suoi (← suo)

suolo 남성명사: 1. 지표, 지반 2. 토
질, 토양

suonare 자동사 / 타동사: 연주하다

suono 남성명사: 소리

svizzera[1] 여성명사: 여자 스위스인

svizzera[2] (← svizzero)

svizzero 형용사: 스위스인의

tagliare 타동사: 자르다

tanto 부사: 매우

tardi 부사: 늦게 fare tardi 늦다

tasca 여자명사: 주머니

tastare 타동사: 1. 더듬다 2. 시식하다

tastoni (← tastare) 부사: 더듬어서, 무
분별하게

tavola 여성명사: 탁자

tavoli (← tavolo)

tavolo 남성명사: 사무용 테이블, 책상

taxi 남성명사: 택시

tè 남성명사: 차

tedesca[1] 여성명사: 여자 독일인

tedesca[2] (← tedesco)

tedesco 형용사: 독일인의

telefonare 타동사: 전화하다

telefonata 여성명사: 전화 한 통

telefoniamo (← telefonare의 1인칭복수)

telefonino 남성명사: 핸드폰

telefono[1] (← telefonare의 1인칭단수)

telefono[2] 남성명사: 전화

telegramma 남성명사: 전보

televisione 여성명사: 티비

televisore 남성명사: 수상기, 티비

tempo 남성명사: 시간

tenere 타동사: 1. 유지하다 2. 보유하다

tenete (← tenere의 2인칭복수)

tengo (← tenere의 1인칭단수)

tengono (← tenere의 3인칭복수)

teniamo (← tenere의 1인칭복수)

tennista 남성명사 / 여성명사: 테니스
선수

tentare 타동사: 해보다, 시도하다

tentone / i (← tentare) 더듬어서, 명확
한 생각 없이

Teresa 고유명사: 여자이름의 하나

terra 여성명사: 1. 땅 2. 1층 3. 지구

testa 여성명사: 머리

tiene (← tenere의 3인칭단수)

tieni (←tenere의 3인칭단수)

tira (← tirare의 3인칭단수)

tirare 타동사: 당기다 자동사: 불다 Tira
    vento. 바람이 분다.

togliere 타동사: 빼앗다, 떼어내다

tolto (← togliere의 과거분사)

Torino 남성명사: 도시 이름

tornare 자동사: 돌아가다, 돌아오다

tornato (← tornare의 과거분사)

torni (← tornare의 2인칭단수)

torta 여성명사: 또르따, 케이크, 파이

totalità 여성명사: 전체, 합계, 총계

tradotto (← tradurre의 과거분사)

traduce (← tradurre의 3인칭단수)

traducete (← tradurre의 2인칭복수)

traduci (← tradurre의 2인칭단수)

traduciamo (← tradurre의 1인칭복수)

traduco (← tradurre의 1인칭단수)

traducono (← tradurre의 3인칭복수)

tradurre 타동사: 번역하다

trama 여성명사: 줄거리

tranne 전치사: ~을 제외하고

trasferire 타동사: 옮기다

trasferita (← trasferito)

trasferito (← trasferire의 과거분사)

tre 수량형용사: 삼, 3

tredici 수량형용사: 십삼, 13

tremare 자동사: 떨다

treno 남성명사: 기차

trenta 수량형용사: 삼십, 30

triste 형용사: 슬픈

troppi (← troppo)

troppo[1] 형용사: 지나친

troppo[2] 부사: 너무, 지나치게

trovare 타동사: 1. 발견하다 2. 만나다

trovato (← trovare의 과거분사)

trovo (← trovare의 1인칭단수)

tu 인칭대명사: 너

tua (← tuo)

tuo 형용사: 너의

tuoi (← tuo)

turista 남성명사 / 여성명사: 관광객

Turreno 고유명사: 극장 이름의 하나

tutta (← tutto)

tutte (← tutta ← tutto)

tutti (← tutto)

tutto 형용사: 모든

tv (← televisione의 약어)

uccello 남성명사: 새

uccidere 타동사: 죽이다

ucciso (← uccidere의 과거분사)

uguale 형용사: 동등한, 같은

uguali (← uguale)

ultimi (← ultimo)

ultimo 형용사: 1. 최후의 2. 최근의, 최신의

un' 여성 부정관사(축약형)

un 남성 부정관사

una 여성 부정관사

unione 여성명사: 연합

uniti (← unito) 형용사: 결합한

università 여성명사: 대학교

uno¹ 남성정관사

uno² 수량형용사: 일, 1

uomini (← uomo)

uomo 남성명사: 남자

urlare 자동사: 소리치다

usare 타동사: 사용하다

usciamo (← uscire의 1인칭복수)

uscire 자동사: 나가다 / 나오다 uscire di casa 집에서 나오다

uscita¹ 여성명사: 출구

uscita² (← uscito)

uscite¹ (← uscita ← uscito)

uscite² (← uscire의 2인칭복수) 자동사: 나가다, 나오다

usciti (← uscito)

uscito (← uscire의 과거분사)

uso 남성명사: 사용

utile 형용사: 유용한

utilmente 부사: 유용하게

va (← andare의 3인칭단수)

vado (← andare의 1인칭단수)

vai (← andare의 2인칭단수)

valida (← valido)

valido 형용사: 1. 정당한, 타당한 2. 유효한

valigia 여성명사: (여행용) 짐 / 가방

vampiri (← vampiro)

vampiro 남성명사: 흡혈귀

vanno (← andare의 3인칭복수)

vecchia (← vecchio)

vecchio 형용사: 나이가 든, 늙은

vedere 타동사: 보다

vedo (← vedere의 1인칭단수)

veduto (← vedere의 과거분사)

veloce 형용사: 빠른

vendere 타동사: 팔다

venduto (← vendere의 과거분사)

venerdì 남성명사: 금요일

vengo (← venire의 1인칭단수)

vengono (← venire의 3인칭복수)

veniamo (← venire의 1인칭복수)

venire 자동사: 오다

venite (← venire의 2인칭복수)

vento 남성명사: 바람

venuto (← venire의 과거분사)

verdura 여성명사: 채소

verdure (← verdura)

verso 전치사: ~ 향해서

vestire 타동사: 옷 입히다

vestito 남성명사: 옷, 의복

vestono (← vestire의 3인칭복수)

vi¹ 직접목적대명사: 너희들을

vi² 간접목적대명사: 너희들에게

vi³ 재귀동사의 대명사: 너희들 자신

vi⁴ 대명자동사의 대명사: 주어인 voi
    와 일치되지만 의미는 없음.

vi⁵ 부사: 거기에

via¹ 여성명사: 거리, - 가

via² 부사: 저쪽으로, 맞은편으로

viaggiare 자동사: 여행하다

vicina (← vicino)

vicino 형용사: 가까운 부사: 가까이

viene (← venire의 3인칭단수)

vieni (← venire의 2인칭단수)

villa 여성명사: 별장

vino 남성명사: 포도주 vino rosso 레드
    와인, vino bianco 화이트와인

violentemente 부사: 난폭하게

violento 형용사: 난폭한

visitare 타동사: 방문하다

visite (← visita) 여성명사: 방문 fare
    visite 몇 차례 방문하다

vissuto (← vivere의 과거분사)

visto (← vedere의 과거분사)

vive (← vivere의 3인칭단수)

vivere 자동사: 살다

vivete (← vivere의 2인칭복수)

vivi (← vivere의 2인칭단수)

viviamo (← vivere의 1인칭복수)

vivo (← vivere의 1인칭단수)

vivono (← vivere의 3인칭복수)

voce 여성명사: 1. 목소리 2. 태(문법)

voglia 여성명사: 욕망, 바람 avere voglia
    di ~을 바라다

vogliamo (← volere의 1인칭복수)

voglio (← volere의 1인칭복수)

vogliono (← volere의 1인칭복수)

voi 인칭대명사: 너희들, 당신들

volentieri 부사: 기꺼이

volere 조동사 / 타동사: 원하다

volete (← volere의 2인칭복수)

Volpi 고유명사: 성의 하나

volta 여성명사: 회, 회수

vostri (← vostro)

vostro 소유형용사: 너희들의

vuoi (← volere의 2인칭단수)

vuole (← volere의 3인칭단수)

vuota (← vuoto)

vuoto 형용사: 빈

xenofobo 형용사: 외국인을 혐오하는 남
　　성명사: 외국인을 혐오하는 사람

zaino 남성명사: 학생용 가방

zero 남성명사: 영

zio 남성명사: 삼촌, 아저씨, 외삼촌,
　　숙부, 고모부, 이모부

zitto 형용사: 조용한 rimanere zitto 가
　　만히 남아 있다.

zucchero 남성명사:

김운용 *Italian*

■ 약 력

한국외국어대학교 이탈리아어과 학사/석사
한국외국어대학교 언어인지과학과 박사
이탈리아 시에나 대학교 박사후 과정(Post-doc)

■ 저서

2004년, 『이탈리아어 문법』
2008년, 『이탈리아 접어 속으로』
2008년, 『이탈리아어 통사론』

■ 역서

1996년 공역, 『꼬레아 꼬레아니』

■ 논문

1998년, "이태리어의 접어의 위치", 『서유럽연구 4호』, 한국외국어대학교.
1999년, "이태리어 접어의 형태 – 통사론적 분석 – HPSG적 관점으로", 박사학
　　　위논문, 한국외국어대학교.
2000년, "이태리어 접어의 어순", 『이어이문학 6집 2권』, 한국이어이문학회.
2001년, "접어 ne와 부분 대명사 접어 ne", 『이어이문학 8집』, 한국이어이문학회.
2004년, "이탈리아어의 조동사의 분류와 형태 – 통사적 특징", 『언어와 언어학』,
　　　한국외국어대학교.
2004년, "일치의 방향성에 대해서", 『EU 연구 15집』, 한국외국어대학교.
2007년, "이탈리아어 강형태 대명사의 재조명: 접어 현상을 중심으로", 『이탈
　　　리아어문학 20집』, 한국이어이문학회.
2008년, "간접 목적 대명사 loro는 접어인가?", 『이탈리아어문학 23집』, 한국이
　　　어이문학회.
2008년, "이탈리아어의 재귀사에 관하여", 『이탈리아어문학 24집』, 한국이어이
　　　문학회.

단어풀이와 함께 공부하는 이탈리아어 ❶

초판인쇄 | 2008년 11월 22일
초판발행 | 2008년 11월 22일

지은이 | 김운용
펴낸이 | 채종준
펴낸곳 | 한국학술정보㈜
주 소 | 경기도 파주시 교하읍 문발리 513-5 파주출판문화정보산업단지
전 화 | 031) 908-3181(대표)
팩 스 | 031) 908-3189
홈페이지 | http://www.kstudy.com
E-mail | 출판사업부 publish@kstudy.com

등 록 | 제일산-115호(2000. 6. 19)
가 격 | 7,000원

ISBN   978-89-534-0467-0 93780(Paper Book)
        978-89-534-0468-7 98780(e-Book)

이담
/books 는 한국학술정보(주)의 지식실용서 브랜드입니다.